一流的教养

这样教孩子，将来他会感谢你

[日] 金武贵 [日] 南瓜夫人 著 谢敏怡 译

科学技术文献出版社
SCIENTIFIC AND TECHNICAL DOCUMENTATION PRESS
·北京·

图书在版编目（CIP）数据

一流的教养：这样教孩子，将来他会感谢你 /（日）金武贵、南瓜夫人著；谢敏怡译.
— 北京：科学技术文献出版社，2022.7

ISBN 978-7-5189-9242-3

Ⅰ.①一… Ⅱ.①金… ②南… ③谢… Ⅲ.①家庭教育 Ⅳ.①G78

中国版本图书馆 CIP 数据核字（2022）第 099169 号

著作权合同登记号　图字：01-2022-2878

一流的教养：这样教孩子，将来他会感谢你

策划编辑：王黛君　责任编辑：王黛君　宋嘉婧　责任校对：张　微　责任出版：张志平

出 版 者　科学技术文献出版社
地　　址　北京市复兴路 15 号　邮编 100038
编 务 部　（010）58882938，58882087（传真）
发 行 部　（010）58882868，58882870（传真）
邮 购 部　（010）58882873
官方网址　www.stdp.com.cn
发 行 者　科学技术文献出版社发行　全国各地新华书店经销
印 刷 者　艺堂印刷（天津）有限公司
版　　次　2022 年 7 月第 1 版　2022 年 7 月第 1 次印刷
开　　本　880×1230　1/32
字　　数　177 千
印　　张　10.5
书　　号　ISBN 978-7-5189-9242-3
定　　价　59.90 元

序言

孩子会感谢父母怎样的教育方法呢?

回顾我养育四个孩子的生活，第一个孩子从出生到长大离开家，对我而言都是初次体验，也是拼命摸索的，充满反省与后悔的经验。

生下第二个孩子之后，因为有前面的经验与教训，也学会了搜集信息，育儿突然变得轻松容易。

在过去，将教养第一个孩子所获得的经验，活用于第二个孩子身上，是很常见的事。但现在，一般家庭平均只有一个孩子，再加上核心家庭化，周遭实在没有可以商量育儿问题的人。

在瞬息万变的现今，老一辈的经验与意见已经无法照搬套用，而市面上的育儿书籍，不是作者本身条件优越，就是孩子本身足够优秀，都略有不足之感。

正当我心想，**如果有一本大家都可以参考的“父母的教科**

书”该有多好的时候，就获得了撰写本书的机会。本书重视的是，“让育儿要点的优先顺序更明确”。

本书是**以庞大的家庭教育问卷与访谈为基础**，虽然问卷是以自由作答的方式进行调查，但学生回答的想感谢的父母教育方法，其主题都有许多共同之处。

例如，很多学生都不约而同地提到了“让我自主做决定”“拓展我的视野”“培养我的沟通能力”“不强迫我学习”“协助我寻找喜欢的事情”等，**而本书就以这些最重要的点构成各章的中心主题**。

另外，回顾我自己的育儿经验，即便是同样的双亲、同样的教育环境，教育出来的四个孩子，性格也截然不同。因此，我认为在讨论育儿的具体方法时是无法以一概全的。

本书的另一个特点是，**不将自己的观点强压在孩子身上，而是一本顺应孩子个性、多元的育儿参考书**。在各个章节列举出的具体育儿方法，有时也会同时介绍相反的教育方法。此外，我并不完全同意问卷调查中的所有观点，也非强力推荐。

因为我自己的四个孩子性格迥异，同样的育儿法并不能用在每个孩子身上，让我深刻体会到育儿没有所谓的一体适用的方法。

例如，有些孩子即便放任不管也可以成长得不错，但有些孩子则必须提供具体明确的建议，有时甚至要强迫才行。有些孩子交友广阔，但不认真学习。有些孩子学习很认真，但非常顽固。还有些孩子就算你拿走了游戏机、禁止他看电视，也不会去学习，但用奖赏机制却立即见效。

不同孩子的动力来源也会不同，**因此，“不可以用金钱引诱孩子学习”“要用夸奖教育孩子”等观点可以拿来参考，但不可以当作绝对原则。**

实际上，本书的问卷中，有希望父母放手让孩子自己做主的意见，也有希望父母可以严加管教的声音。有希望任何事都让孩子去挑战的建议，也有觉得应该先观察孩子的认真程度再给予支持的想法。另外，有的孩子认为父母应该尊重孩子的想法，也有父母认为不可以让孩子轻易放弃才艺，等等。

在那些看似一体两面的教育方法中，哪一个才是最有效的，则须视孩子的性格和家庭的环境来选择。

即便有很多成功的育儿模式，也不代表可以全部套用。如果读者可以**从本书众多的“成功育儿模式”中，挑选出适合自己孩子的教育方法，那就是我的荣幸。**

本书的第三个特点是，**不需要有得天独厚的环境，任谁都可以实践的“亲近性”**。本书介绍的 55 条育儿秘诀，大多数都不用花什么钱，就算孩子不是天才也可以实践。

让孩子自己决定事情，带孩子去图书馆亲近阅读，孩子开始接触新事物时教他不轻易放弃，亲子之间无话不谈，培养孩子重视他人观点的沟通能力，教导孩子学习的乐趣，让孩子知道信赖的重要性，这“7 大方针的要点”不需要特别的家庭环境，一般家庭都可以适用。

我之所以能够撰写本书，是因为我自己就是拙劣的父母，而且孩子们也有很多不足之处。如果我做到了本书介绍的育儿法，就会把 55 条育儿秘诀当作“理所当然”，也就不会觉得应该要撰写成书与大家分享吧。

然而，我从本书介绍的“孩子想感谢的父母的教育方法”众多实际例子中学到了很多。正因为我自己是“需要反省的平凡父母”，很多地方都没有做好，而我的孩子们也不是“任由自己做主也会成长的优秀孩子”，所以才能从问卷调查的结果中汲取教训。我不是优秀的母亲，正因如此，我才能非常了解“平凡父母、平凡孩子”的心情。

我的儿子们绝对不是天才，他们跟姐姐不同，对学习完全没有兴趣，是用棍子逼迫也不会乖乖坐在书桌前学习的淘气男孩。

作为普通的妇女，将那“放任不管就绝对会完蛋的孩子”拉扯成还算像样的大人的育儿经验，应该可以让我跟大家用相同的角度、亲近的方式一起来讨论育儿吧。

我在《东洋经济 ONLINE》的连载专栏等平台，处理各种家庭的育儿咨询，深切体会到家长的心情与辛劳。

作为四个孩子的母亲，在京都乡下不断尝试并不断出错，养育孩子长大，因此，我是以一位母亲的观点撰写本书的。

如果本书对正在养育孩子的妈妈爸爸、即将为人父母的夫妻、有孙子的祖父母，以及跟育儿相关的人士稍有帮助的话，是我最大的荣幸。

南瓜夫人

前言

培养领导能力的
7 大方针和 55 条秘诀

能实现自我与只会“死读书”，两者的差异从何而来？

我在许多国家都待过，也接触过从各顶尖大学毕业、在世界知名研究所进修学习，最后进入难以挤进的企业工作的精英。

但让我产生兴趣的是，这些精英拥有相似的学历和智商，却活成了两种类型：一种是有自主性、可以自己做决断、获得周遭的信赖与声望、能够实现自我的“一流领袖”；另一种是永远被动、没有出头之日的“万年员工”。

充满领导气质的一流精英，与只会“死读书”的“二流精英”，两者之间的差距从何而来？

如果他们的智商，以及就读学校的教育水平、进入公司之后的培训经历没有太大差异，那么，我认为应该是起因于他们幼年时期的教育环境，也就是家庭教育的差异。

问卷调查的起因：想看看优秀学生的父母是什么样子

培养孩子的领导能力，未来他会感谢你

我在探求“区分一流与二流精英的家庭教育精髓”过程中，很幸运地有机会针对顶尖优秀年轻人所受的家庭教育进行大规模问卷调查。

因为我在《东洋经济 ONLINE》连载的《直击世界的精英！》专栏，以及出版《将世界精英的工作方式整理成册》等书的关系，有很多想进入跨国企业工作的求职者向我寻求职业建议。

这些求职者，不只是就读于顶尖大学，而且在学生时代就开始创业，甚至还带领团队援助发展中国家，同时在大学实验室取得过专利，有着非凡的领导能力。他们的故事，让我十分佩服，因此“想要向他们请教”的想法越来越强烈。

“我好想看看这些优秀学生的父母是什么样子！”于是，就以他们为对象进行问卷调查，看看他们是在怎样的家庭教育下成长的。

问卷调查以东京大学、京都大学、早稻田大学、庆应义塾大学等校为主，调查对象是在学生时代就发挥出非凡的领导能力，后来进入跨国企业工作的两百多名学生。**请他们回顾自**

己接受的家庭教育，写下特别感谢父母什么，希望父母改善什么，为自由作答式的问卷。

本书介绍的问卷调查中，每个回答都富有育儿的启示，越是仔细阅读，越能发现其蕴含着丰厚的线索。更让人惊讶的是，其中大部分内容是职场人也适用的“如何培养领导能力”的训练指南。

于是，我开始以“幼年时期怎样的家庭教育，才能培养出领导能力？”为焦点撰写本书。

孩子的观点 + 父母的观点 + 商业领袖的观点

本书的第一个特点是，透过孩子的观点，来了解“将来最值得感谢的父母的教育方法”。

如前所述，本书是以“精英学生的家庭教育方法”为大规模调查的基础，调查对象不是只会“死读书”的精英，而是拥有自主性、出色的领导能力，是未来的商业领袖。

本书系统地对问卷回答进行了分类，用“7 大方针 55 条秘诀”网罗重要主题，涉及范围广阔。重视广泛调查的原因在于，若是只介绍某一个教育出优秀孩子的家庭育儿方法，其结果往往超出我们的想象范围，而且方法可能只适用于特定的家庭。

另外，**本书只讨论非常重要、优先顺序高的主题**。问卷是请精英学生，针对“回顾自身的家庭教育，最感谢及最不满的地方”作答，因此不会发生重要与不重要的主题混淆在一起的情况。

第二个特点是，从拥有丰富育儿经验的父母的观点中，理解“不将观念强压于孩子身上的多元教育方法”。本书的作者之一南瓜夫人（我的母亲）累积了几十年（四个孩子）的为母经验，加上教育亲戚寄养在我们家的孩子，育儿经验非常丰富。

此外，以丰富的育儿经验为基础，她在《东洋经济ONLINE》连载了长达三年的超人气育儿咨询专栏。在这三年间，她几乎每周都在做咨询，加上众多亲友都找她商量，共积累了上百个家庭咨询的案例，因此，非常熟知社会上各种家庭、孩子的类型。

她的四个孩子出生于京都的偏远乡村，长女现在是加拿大某大学的老师，二女儿是在英国伦敦工作的特许公认会计师[1]，小儿子是美国纽约州的律师，而长子我则进入了海外金融机构工作。我们兄妹四人虽然生长于同一个家庭，但性格截然不同。

长女从小喜爱阅读，稳重大方。二女儿做事一丝不苟、勤奋努力，是个完美主义者，但很顽固。身为长子的我基本上只做自己感兴趣的事，讲好听点是个自由主义者，讲难听点就是非常讨厌麻烦。最小的弟弟是胸有大志的冒险家，但总是极力反抗我，因此我觉得他任性且以自我为中心。

鉴于孩子性格的多样性，因此，本书不定义育儿的一般见解，不以说服大众为目的，而是介绍众多精英所感谢的父母的优秀教育方法。最后，把重点放在介绍多元的成功模式上，协助各位判断符合父母、孩子的个性以及家庭环境的教育方法。

而且，在阅读父母为孩子所做的各种努力的例子时，读者应该也可以回想起自己是如何在父母丰沛的爱下成长的。

本书的第三个特点是，这并非单纯的育儿书，也是培养领

---

1 英国特许公认会计师公会（The Association of Chartered Certified Accountants），简称“ACCA”，成立于1904年，是世界上领先的专业会计师团体。

导能力的书。

本书讨论的是培养孩子“自主性”“开阔视野”“坚毅”“沟通能力”“学习习惯”“自制力”“信赖感”的方法。从这些主题，可以看出本书虽然是育儿书，但其本质上与培养孩子在各领域取得成功所需的领导能力有关。

在各个章节的开头会明确地解说，我在各种跨国企业看到的充满领导能力的一流精英们的行动特征，跟本书谈论到的领导能力教育理论有什么关系。

另外，我也在众多的国际顾问公司、金融机构、多国企业的精英和创业者中，询问了一些生气勃勃、实现自我的一流领袖，“小时候的家庭教育中，哪些方面影响了你的行为”“你在用什么样的方法培养自己的孩子呢”，借此描绘出“培养领导能力的教育方法”的图像。

本书搜集了超过两百名精英学生的“孩子观点之下的家庭教育”，加上南瓜夫人的经验总结而来的“父母观点”，以及我在工作中遇见的“全球商业领袖观点”，是以复合式观点整理而成的**提升自我领导能力的人才培育手册**。

好懂、好记、容易想起的“父母教科书”

本书为了让读者好懂、好记、容易想起，章节的结构安排做得非常讲究，不仅在目录与开头处摘要了整体内容，在各章的开头也撷取出本章节的内容重点，并利用小标题再列出各小节的内容。

南瓜夫人所撰写的部分，也会在开头数行强调想表达的信息。另外，重点内容会用粗体字强调。各个主题的文章结构，则设计成可作为证据的多样问卷调查结果，加上南瓜夫人的解说与丰富的实例，使读者可以鲜明地想象具体做法。

另外，为了让读者可以简单地唤起记忆，在各章节的最后，有可作为“父母诊断测验”的各章重点。以问题的形式汇总要点，随时都可以自行复习。

比进入好大学、好公司还重要的东西

本书的目的不是只为了教出头脑聪明的孩子，也不是为了教出很会读书、能考进一流大学，或者能进入大企业获得高薪的孩子。本书关心的重点，比上述那些都要远大。

进入一流大学或好公司，并不代表结束，而是把眼光放远，以培养孩子实现自我的自主性与领导能力为目标的“一流的教养”。

“聪明与否、大学的排名都不重要，只希望孩子的人生可以过得幸福快乐”，这不是众多父母共同的心愿吗？

市面上有许多诸如“聪明孩子的养育法”“如何把孩子送进东大、哈佛”这类书籍，**但都没有本书如此广泛地调查，本书以复合式的观点讨论，介绍了开启孩子幸福的人生道路、被孩子感谢的教育方法。**

我非常高兴能与母亲南瓜夫人共同撰写这本书，教大家培养出能够自主地开启幸福人生的孩子。

本书适合寻求合适育儿方法的家长，以及相关的育儿人士阅读，帮助他们培养出能够自行开启幸福人生、活出自我的孩子。但就本质上，想在商业或运动等领域发挥领导能力的人，或是积极地为自己职业生涯开辟新道路的人，也都适合阅读本书。

亲爱的读者，为了孩子，又或者为了进一步发挥自己的领导能力，就让我们开启这段刺激的旅程吧！

金武贵

※本书中，浅咖色页为金武贵撰写，其他的则为南瓜夫人撰写。另外，问卷调查基于保护个人隐私且便于阅读，稍加编辑修改。

目 录

1
Chapter

让孩子的自主性发挥到最大

培养孩子了解自我、自己做决定的能力

2 Chapter

拓宽视野，引导孩子寻找『天职』

增加选项，往擅长的领域精通

3 Chapter

培养坚持不懈的坚毅品格

让孩子认真挑战，不轻言放弃

4 Chapter

磨炼一流的沟通能力

获得他人依赖的沟通能力

6

Chapter

让孩子学习『读书以外的东西』

比起考试，家教才是孩子一辈子的财产

7 Chapter
让孩子感受到『不求回报的爱』
父母最重要的工作

1 Chapter

让孩子的自主性发挥到最大

培养孩子了解自我、自己做决定的能力

让孩子自由地做决定，帮助孩子活出自我

“要按照自己的想法过日子！”

“有自主性是最重要的！”

没错，扯着大嗓门怒吼的，就是我已过世的父亲大嗓门先生（他的声音跟身体真的很大）。

在进行教育方法的调查时，**回答最多的是“自由放任，发挥孩子的自主性”**。但奇怪的是，嘴上说着“自由放任，发挥孩子的自主性最重要”但行为却完全相反的父母，出乎意料的多，不是吗？

我的大嗓门父亲嘴上说“自主性最重要”，但去烧烤店时，连吃什么喝什么都不让我自己决定，也绝不允许孩子质疑他的结论，他对自己堪称京都第一的顽固脾气相当自豪。

父亲并不曾干涉我的成长，但那只是单纯把教养责任全部丢给母亲罢了。虽然他对我的出路并没有给予具体的建议，却

帮我描绘了一个大大的梦:“不管怎样，你至少要成为某个国家的总统！”

想要培养出有自主性的孩子，但实际的教育方法却大相径庭……，我们不该让越来越多的家庭为此烦恼。接下来，我们就来讨论**自主性到底是什么，又该如何培养**。

依据本次的问卷调查，我们发现培养自主性的具体方法有以下关键字:

让孩子自由地做决定

1. 给予孩子自由，让他探索自我
2. 让孩子自己设定目标
3. 尊重孩子对未来出路的想法

不过度干涉，从旁协助孩子

4. 尊重孩子的自主性，但也给予充足的建议
5. 提供各种选项，让孩子做最后的决定
6. 不要过度保护孩子

让孩子活出自我

7. 尊重孩子的性格

8. 与其“不要给别人带来困扰”，不如“对他人有帮助”

9. 从“小地方”建立孩子的自信

在撰写本书时，我们对相当有自主性的精英大学生进行问卷调查，并且访问了多位企业领袖。当问到“在接受的教育中，最重要的是什么”时，很多人都不约而同地回答：**“让孩子自己思考，然后自己做决定。”也就是自主性教育的重要性。**

一位具有独特领袖气质的社长，他创办了某知名媒体公司，经过一番努力后，成功地让公司上市了。他说出自己的家庭教育方法：**“不要将‘因为别人这样做’作为自己判断的理由。”“即便行动相同，是否为自己思考，以及之后的结果才是重要的。”**

日本私募基金业界的先驱者之一、创办知名企业的社长也说到，父母从小就苦心教导他不随波逐流的重要性，并说，**“如果别人做小偷，难道你也要做小偷吗？”**

作为创投企业合伙人的友人有感而发：“过去总是以他人为基准决定自己的职业发展，从30岁之后开始以自己为中心选择工作，这件事情对我来说意义重大。”

有些朋友虽然很早就在高盛集团或麦肯锡等国际一流企业就职，后来却跳槽到NPO、新创公司或自己创业，并且很快在该领域占有一席之地，我询问过他们所受的家庭教育有何特别之处。

最常出现的回答是：**父母总是不断地询问：“对你而言什么是最重要的，你喜欢什么？”**

也有人说，虽然在家里或学校都**不曾被父母催促要好好学习，但自年幼时期开始，就不断被督促要好好思考自己喜欢什么、想要做什么，通过这些问题，学习到了掌握自己的习惯。**

这种自主性的有无，是毕业于优良大学却表现平平的人，与步入社会之后也能持续活跃者最大的分水岭。

在香港大学读教育学的友人说，教育学一直都认为**“自主性的有无”是影响职业发展最重要的因素。**实际上，一些跨国企业的面试，或是决定年终奖金的人事考核，都将这个人有没有自主性或是否有自我标准作为考核基准。

有领导能力的人都有坚定的“自我基准”，因此不会随波

逐流，做出没有偏差的判断。不会因为自己跟别人不一样而感到不安，能够承担风险、面对挑战，充满自信地做出决断。这样的人确立了自我认知（Self-Awareness），**知道对自己而言什么是重要的，自己想要做什么**。

相较之下，二流的“被动型精英”总是等待上司的判断，**在乎自己的意见是否与他人相同，同时以他人作为判断标准**。

他们过度重视合作的协调性，这虽然不会给周围的人造成困扰，但因为完全没有自信和自主性，只能被公司当作棋子。

具有领导能力的年轻人了解对自己而言什么是重要的，自己想要做什么，不随波逐流，主动地开辟属于自己的人生道路。重视自主性教育的父母，是如何帮助孩子培养出成功领袖不可或缺的“自己做决定的能力”呢?

接下来，南瓜夫人将跟读者一起思考，自我实现的关键——“自主性”的具体教育方法。

I　让孩子自由地做决定

1 给予孩子自由，让他探索自我

让孩子自己做出决断，加深自我认识

问卷调查结果

✶ 培养自主性的自由

我父母的教育方法是“让孩子活出自我”，他们不曾干涉我的学习成绩和未来职业。虽然如此，但他们并不是毫不关心我，而是经常挂念我的事，持续给予我支持。

我非常感谢这样的教育方法。无论走过的路如何，**因为是自己决定的道路，所以能够认真反省，并持续努力下去。**

（东京医科齿科大学生命资讯科学教育学系 S 同学）

✶ 放手让孩子寻找自己想做的事

我父母最棒的地方在于，自由放任地养育我长大。正因如此，我在很小的时候就养成了自己的事情自己做决定的习惯，并对自己有责任感。

例如，**我的父母不曾对我说出“好好学习”“去考重点高中”等强迫式的命令与指示。**即便是才艺，他们也不会强迫我去学，而是让我自己去寻找想做的事情，并支持我的选择。

（东京工业大学 T 同学）

★ 培养孩子自己做决定的能力

小学低年级以前，我接受父母的建议学习钢琴、书法等才艺。升上高年级之后，父母让我自由选择，停止我没有兴趣的才艺项目。

步入初中之后，**上哪个补习班或上哪所高中的选择权都在我自己手里，父母只负责出钱。**上高中之后，父母把学费和生活费直接交给我，让我学习管理金钱。

（早稻田大学政治经济学系 K 同学）

通过自由放任，发挥孩子的自主性
让孩子寻找自己喜欢的事情

唯有让孩子自由地做决定，才能够培养孩子的自主性，这也是本书最想强调、最重要的观点。**让孩子自由地寻找喜欢的事情，是让孩子探索自我，了解对自己而言什么是重要的，自己喜欢什么，以及培养自己做决定的能力的关键。**

若是父母从头到脚都帮孩子打理好，孩子只要循着他们安排好的路向前，将来孩子大概率只会听从他人指示，不自己思考，变成没有决定能力、被动顺从的人。

本次的问卷调查中，多数同学的回答都是自由放任的家庭教育，无论学习才艺，还是出路的选择权都掌握在自己手上。

他们感谢父母教育方式的同时，也深切感受到父母对自己的信赖之深厚。因此，无论面对什么事情，都能积极主动、有责任感地自己处理。

我从自己的失败经验中，强烈感受到**“父母不要擅自决定孩子该学什么才艺”**的重要性。我让每个孩子都学习了钢琴、游泳等多项才艺，这都是我擅自决定的。

两个女儿做事非常认真且好奇心强，无论什么才艺都很乐意学。比较爱玩的儿子们受到姐姐们的影响，把学习才艺当作是“义务教育”，也开始学习起来。

然而，**被强迫学习的才艺是不会持久的**。儿子们上小学后，可以从同学那里获得更多的信息，有一天，长子兴奋得满面涨红，一踏进家门，就对着我大喊：“妈妈，原来不学钢琴也是可以的！”他很开心地告诉我这个新发现。

现在回想起来，实在是个令人羞愧的笑话，我一直让讨厌上才艺课的儿子以为“法律规定学习钢琴是儿童的义务”。那天之后，儿子完全无法吸收课程内容，不久就停课了。

再比如书法课，也是我擅自把自己的梦想寄托在孩子身上，希望他们可以精通十八般武艺，而要求孩子们去上的才艺课。

但是，**如果孩子内心觉得“被爸妈强迫”，那么他无论如何都不会主动行动**。

相反，问卷调查中“在幼儿时期让孩子自己选择想学的才艺”的家庭居多。

而且，以小见大，**日常生活中的大小事情，只要是孩子的**

事，就让他们自己做决定，这样父母的教育方针才能切实地传达给孩子们。

有自主性的孩子，在人生最初的关卡，也就是初中入学考试或选择补习班的时期，就与教育成被动性格的孩子截然不同，他们已经准备好自己决定未来的出路。

很幸运的是，我家在孩子们上初中之后，就转换成了自由放任的教育方法。孩子们的事几乎都交由他们自己打理。

我们曾经让孩子去补习班加强不擅长的科目，抑或是聘请家教等，但如果孩子自己判断要停止，就会尽早停止。如果像小学时期，只因父母单方面的想法，就勉强孩子持续下去的话，只会适得其反。

父母很容易一直把孩子当作小孩，然而，**请大胆地相信孩子，适当放宽孩子的决定权，**这对于培养孩子自身的价值观（对自己而言什么是重要的、自己喜欢什么、想做什么等自我认识）是非常重要的。

如果不让孩子养成自己做决定的习惯，便是扼杀了他们自主性的萌芽，反而会使孩子变成“不知道自己将来想做什么、什么事都无法自己做决定、毫无领导能力”的大人。

2 让孩子自己设定目标
没有孩子会朝着“讨厌的目标”努力

问卷调查结果

★ **“决定权”能够培养自主性、思考能力与决断力**

我父母的教育方法是，跟我有关的重要事情都让我自己做决定。判断时需要跟自己下一个阶段的规划，抑或是与假定的目标相关联。思考各种风险，假设多种可能，确定目标，选择并决定达成目标的最佳方法。反复这样的思考过程，**培养了我思考与决断的能力，并且学习独立自主。**

（东京工业大学工学系O同学）

★ **让我自己设定具体目标**

父母总是让我自主地设定具体的目标，即便是给我零花钱，也会要求我说明：“为何需要这笔钱？”“想要在什么时候用这笔钱，必须花费多少钱？”因此，提升了我做决定的速度，同时也对自己的决策变得更有自信。

（一桥大学法律系I同学）

自己设定目标，专注力大不同

不要用父母的想法压迫孩子学习才艺

想要培养出能够自主思考的人，首先应该从让孩子自己设定目标开始。**没有孩子会努力奔向自己不想抵达的目的地。**

从本次的问卷调查结果也可得知，大多数的家庭相当重视"让孩子自己设定目标"。

我家的孩子也如此，一旦自己决定必须前进的目标，学习的专注力与没有设定目标时相比，就像是换了个人。如果高考前没有设定目标，那学习就会漫不经心。一旦设定好目标之后，学习的专注力截然不同。

自己设定好目标的孩子，其努力程度远远超乎父母的想象。我的小儿子依照自己的意愿考入美国的大学后，拼了命地学习。当时他告诉我，周遭的朋友会在图书馆待到半夜，这并不稀奇。他在日本时总是被我强迫学习，绝对不会自发地乖乖坐在书桌前，但现在他就像变成了另外一个人。

小儿子大学毕业之后，进入金融机构工作。但工作几年之后，他说他想再去学习，这次想要成为律师。在那之后，儿子相当努力地学习，在非常短的时间内考上了美国纽约州的律师。**他会如此努力，正因为他是为了自己决定的目标在奋斗。**

长子也一样，以前他常躲避父母的监视，沉迷于玩游戏机。上学时，就一直偷懒不写学校的作业。但在他 30 岁左右决定要考取 MBA 学位之后，学习的专注力判若两人。

据小儿子说，长子已经入职了取得 MBA 学历的人都想进的公司。明明继续留在原本的公司工作也可以，但是，他又有了新的目标，一旦确定好了目标，无论谁说什么都听不进去，这一点两兄弟非常相似。长子第一次拥有如此强烈的渴望，像换了个人似的努力学习，后来在留学地学到了很多。

虎年生的二女儿在设定好职业目标之前，在国际交流机构工作，下班回到家就是看棒球比赛，生活相当悠哉。然而，一旦设定好目标，便发挥老虎般锁定猎物的专注力，在会计师执照取得不易的年代，不到一年就一次合格了。

其实，我的孩子们一点儿也不优秀，也称不上非常努力，但一旦面对自己决定好的事情，便发挥了超乎想象的专注力。

由此可以看出，**为引导出孩子的自主性、责任感与专注力，让孩子自己设定目标是多么重要的事。**

现在就停掉因父母的期望而勉强孩子去学的才艺课程，把空出来的时间用来与孩子一起寻找想做的事吧。因为让孩子自己设定目标，才是最能引导出孩子自主性的方法。

3 尊重孩子对未来出路的想法
重要的事情交给孩子决定

问卷调查结果

★ **尊重孩子的想法，对孩子人格的形成影响很大**

我认为，从幼年到高中时期多亏父母贯彻尊重孩子想法的教育方针，才有现在的我。特别是自幼年时期开始，父母提供了任何事都可以按自己的意思做决定的环境，让我对自己做的决定负责。

（东京大学工学院研究所 M 同学）

★ **重要的决定事项交给孩子，培养孩子的思考能力**

我父母采取的教育方针，是将未来出路等重要事项都交给我自己决定。我认为“自己的事情，自己决定”这样的教育方式造就了现在的我。

举例来说，就连考哪所大学也全部由我决定，父母唯一做的就是赞成我的决定。实际上，我曾向父母征求意见，但他们也只是回了我一句："你自己思考，然后选择不会后悔的选项。"

（东京工业大学工学系 O 同学）

★ 敢于把决定权交给孩子，让孩子对自己负责

感谢父母让我自由地选择未来出路。从是否要补习、要进入哪所高中、选择理科还是文科，再到选择哪所大学、哪个系等，跟教育相关的大小事，在我还很小的时候就交给我自己决定，父母完全不会干涉。

即便他们知道那样有风险，也还是果断地把未来出路交给孩子选择，让孩子对自己的选择负责。因为如此，孩子变得会针对自己的将来认真思考、采取行动。

（东京大学研究所 O 同学）

强迫孩子按父母的安排走，会为孩子的人生埋下隐患
孩子背负的"后悔种子"

让年幼的孩子自己决定未来的方向确实需要勇气，父母可

以做的就是，为孩子提供选择未来出路的判断素材，最后尊重孩子的想法。

参与这份问卷调查的，都是所谓的精英大学生，**他们的家庭大多是“让孩子自己决定未来出路”**。另外，我知道好几位并未出现在问卷上的年轻人，他们的父母不尊重孩子对未来出路的想法，因而让他们迷失目标、走得跌跌撞撞。

有些孩子被迫接受自己不想要的未来出路，浪费了与生俱来的才能，因此对父母怨念极深。小勉（假名）还小的时候，我就知道他。

他背负着第三代大医院继承人的命运出生。我时常有机会跟他碰面，他聪明伶俐、教养佳，全身上下散发出非凡的气质，非常有礼貌，努力又老实，很受大家喜爱。

小勉的母亲非常重视他的教育，但就算父母再怎样重视，真正在学习的是孩子本人。不知为何，小勉在考高中时，并未考上第一或第二志愿。

小勉考大学时，也重考了三次医学院，这是否是他本人的选择，我们无从得知。

他所有的挑战都以失败告终，最后完全失去了人生方向，迷失了自我。大家都说，原本聪明伶俐且努力的小勉会变成这样，**都是因为他的母亲过于严厉，强迫他接受不想走的路**。

虽然可以理解母亲也有她的理由，但她违背了初衷，失去了良好的亲子关系，这是不争的事实。

还有其他的例子。我的友人绘美也是在父亲严格的教育之下成长的，大学除了医学院以外没有其他选择。但她对当医生完全没有兴趣，重考一次之后，虽然再度挑战了医学院，但还是失败了，之后干脆放弃考大学，直接开始工作。

绘美组建了自己的家庭，看似过着顺遂美满的生活。但其实她非常有美术才华，所以至今仍深感后悔，想着当时就算跟父亲吵架也要贯彻自己的志向，应该要挑战考美术大学才对，因此，对父亲不满的情绪也一直纠缠着她。

在我们家，孩子小的时候也是采取高压式的教育。但幸运的是，孩子们上初中之后改变了教育方法，大小事全部交由他们自己判断，这个方法非常有效。

小学时我们强迫孩子们学习才艺，上初中后突然转变，无论是学习或是未来出路的选择，我们都不干涉。我们也可以大声地说:“我们家也是采取自由放任的教育方法!”

之所以会改变教育方法，并不是因为我们完全信任孩子。而是在跟孩子们密切接触时，我发现**跟他们比较起来，我们完全跟不上时代，是彻底的“信息白痴”**。因此，如果过度干涉孩子的出路，反而会害了孩子。

我时常谨记在心:“父母不知道或是不了解的事情，就交给孩子自主决定。”“如果发现反对孩子是错误的，马上就要认错，‘撤回’自己的观点。”**阅历浅薄又跟不上时代的父母自以为是地妨碍孩子的未来，导致与孩子之间有了心结，没有比这更让人难过的事了。**

就结果而言，许多优秀学生的家庭，他们之间唯一的共通点就是“不会强迫孩子去走父母决定好的道路”。

Ⅱ 不过度干涉，从旁协助孩子

4 尊重孩子的自主性，但也给予充足的建议

“放牛吃草”的孩子长不大

问卷调查结果

★ 自由放任过头，就只是单纯地放牛吃草

我的父母讲好听点是让我自主管理，但完全不会给予意见，几乎是“放牛吃草”，放任不管。**很希望父母当时可以给我提供一些建议、想法、技能或知识。**

（东京大学经济学研究所 N 同学）

★ 在给予重要的决策权之前，希望父母先提供判断的指南

我家始终贯彻着这样的教育方针——跟孩子未来相关的事，全部交给孩子决定。例如，高中毕业时，**父母把大学四年**

所需的学费、生活费一次性交给我，全权让我自己决定如何使用。只是，决定未来的这项权力实在太大，希望父母在容易走错路的小学、初中等时期可以提供一些建议。

（日本东北大学 H 同学）

✶ 不满父母一味地说："你自己决定。"

我父母从头到脚都依循"你自己想办法长大"的教育方针。我从初中开始上补习班，那并非被父母逼迫，而是我自己的意思。因为一切都是依据上述教育方针，我必须自己决定所有的事，但是在选择补习班时非常苦恼。

即便跟父母商量，他们也只是一味地说："你自己决定。"但实际上，我曾做出过错误的选择，因此**希望父母可以多给予一点儿建议。**

（日本中央大学 M 同学）

“放任”跟“放牛吃草”不同

父母的建议在孩子长大之后才会有效果

让孩子自由地决定目标和出路、尊重孩子的想法，是培养自主性的基础，**但“放任”与单纯的“放牛吃草”是截然不同的。**

如果没有提供任何建议，就突然让接收信息与思考能力尚未成熟的孩子决定所有的事，成功的例子极为稀少。大多数回答问卷的人，也认为放任与放牛吃草是不同的。

父母单方面做出自认为为孩子好的决定，并使劲地拉着孩子向前，这样看似轻松而且不花时间。但是，**这样无法培养孩子的自主性。**

另外，“全部都交给孩子判断”，身为父母却没有提供任何建议，说不定确实比过度保护的父母好。

但是，不少学生不满的是“父母完全没有提供任何意见，我一路走来很辛苦”“很希望父母当时能多给我一点儿建议”。这算是父母的“罪责”，放弃了养育的责任。如果父母依据他们的经验或广阔的见识给孩子提供一些建议，就长期而言，孩子可以做出更多好的选择。

我们家对于小事并不会给孩子提供建议，**但唯有针对未来方向，我的先生会强烈地给孩子提供“意见”**。

我先生在孩子们还小时，总是对他们说：“人生志向要放得远，要出人头地，并且对他人有所帮助。”他所谓的“志向”，是要求孩子们以成为总统为目标。这时常会让我觉得有点恐惧，因为孩子们将来不论选择什么职业，都无法满足我先生的标准。

此外，我先生经常对还是小学生的孩子们诉说宏愿：“为了温饱而赚钱，拿多少工资就做多少事，这样多无聊呀。你们要是不做有梦想的工作，以后一定会后悔的。”虽然听起来有点狂妄，但实际上却意外地在孩子们的人生岔路上成为路标。

多年之后，小儿子拒绝了海外金融机构的高薪工作，开始准备考取律师资格证等种种的挑战，这让我百思不得其解。原来，当他面临职业的选择时，**是将父亲说过的“有梦想的工作，对他人有帮助的工作”作为选择标准，而每一次都做出了正确的决定**。

在超级现实主义的我来看，年幼的孩子根本听不懂我先生不切实际的大话，但没想到，我先生帮孩子规划的大梦却为孩子们带来了希望。

给孩子们灌输梦想和希望，不但可以让孩子们拥有宽广的视野，也可以协助孩子们有“野心”地思考事情。

如果父母希望孩子了解某些概念，不必考虑年龄，就直接告诉他吧。即便你说的事情孩子此刻无法全部理解，只要讲个大概，几年之后孩子想起来时便可以理解了。

尽可能避免为了等待良好的时机点，却因此失去与孩子谈话、提供建议的机会的情况。

5 提供各种选项，让孩子做最后的决定

通过不断地选择，培养判断能力

问卷调查结果

✶ 提供“可能性”，但不强迫孩子

我的父母从来不会强迫我去做任何事，但会**给我提供具体、有执行可能性的选项**，实际做决定的人通常都是我。因此，我通过自己决定事物的过程，变得能够思考事物是否有其他可能性，学习到自主地摸索各种可能性的态度。

（庆应义塾大学理工研究所K同学）

✶ 为孩子提供思考的“素材”

我认为，发挥孩子自主性的关键在于：提供多个选项给孩子，但让他们自己做决定。

当我面对某件重要的事，不得不做选择时，父母都会提供多个选项给我，最后把决定权交给我。例如，到了要开始上补习班的时期，**父母调查了好几个补习班，并告诉我每个补习班**

的课程等信息。然后再问我："你希望通过补习班达成什么目标？"最后让我自己选择补习班。

多亏了父母这样的教育方法，我变得可以客观地审视自己，并且能自主地展开行动。

（京都大学法律系T同学）

提供符合孩子性格的选项

父母比孩子会搜集资料

协助幼年时期孩子的自主判断，应该以"客观地分析情况，提供各种选项之后，让孩子自己做决定"的态度为目标。

孩子年幼的时候，父母拥有的信息量远多于孩子，而且就资料搜集而言，也是父母的能力比较好。依据孩子的性格、能力与成长阶段，父母带头搜集资料，然后把资料展示在孩子面前，会比全部都交给孩子自己处理要好。

从这个问卷调查结果可以看出，有不少学生认为，**在小学生选择补习班时，应该由父母搜集资料并提供给孩子。**

父母应该提供符合孩子性格的选项。我们家则是以父母的想法为准，用各种理由，让孩子去学习才艺。例如，以希望自己的孩子会弹钢琴为理由，把孩子送进钢琴教室；父母两人字都写得很丑，所以孩子都去上了书法课；因为朋友开设了绘画室，希望学员络绎不绝，就把孩子全都送去学画画等。

游泳、珠算、少年棒球等，全部都是出于这样的理由让孩子们去学习的。女儿们打破了不可以强迫孩子去学习的公认学说，很开心地去上父母帮她们决定的才艺课，但最后又因为发展性的理由停止了课程。另外，儿子们除了游泳以外的课程全都半途而废。

我们家错误的地方在于，因为女儿们学得很开心，所以也让性格不同的儿子们去学习一样的才艺。会做出这样的判断，是因为我们认为，如果让儿子们自己决定是否要学才艺课，他们一定会选择不学。

但如果让他们自己选择，就算中途放弃，应该也有机会可以教导他们努力、责任感与慎重判断的重要性，但我却完全忽视了孩子的性格，把我的选择强加于他们身上。

因为自己的期望与特质被忽视，完全是被迫学习，儿子只会觉得无趣，结果什么都没学到。

让尚且年幼的孩子搜集资料确实有点困难，父母依据孩子的年龄和性格，搜集让孩子思考的材料，**提供选项给孩子选择，会是训练孩子判断能力的好方法。**

重视孩子的自主性，与把事情统统丢给孩子处理有所不同。这也是自我警惕，父母要能够明确地区分什么是放弃父母的责任或怠慢，什么是建议、强求。提供对孩子有帮助的选项，最后让孩子自己决定，是见识高远的父母应该做到的。

另外，如果父母超越了提供建议或选项的尺度，就会陷入后面要讨论的“过度保护”陷阱。父母提供建议给孩子时，如何在“单纯地放牛吃草”与“过度保护”之间取得绝妙的平衡点，便是关键。

6 不要过度保护孩子
过度保护与放弃养育之间的平衡

问卷调查结果

★ 有的时候要放手让孩子自己去做

我希望父母可以改善的地方在于，某种程度上他们对孩子的奉献太过了，使得孩子太依赖父母，难以养成自主性与积极性。所以，适度地放手，对孩子的成长是必要的。

（东京大学法律系K同学）

★ “我帮你做”会剥夺孩子磨炼能力的机会

我的父母在某些地方会过度保护孩子，例如，校外教学的事前准备，或是填写必要的资料等，他们都会帮我做好。但突然必须自己来的时候，我却什么都不会，这时常让我不知所措。这些事使我强烈地意识到，“什么都帮孩子做”的同时，也是在剥夺孩子磨炼能力的机会。

（东京理科大学I同学）

重视让孩子体验各种“失败”的机会
失败是打好基本功的机会

完全没有父母提供建议和支持的自由放任，有时只是单纯地放弃养育，虽说如此，父母如果什么都帮孩子做好，孩子也会被养育成什么都不会的人。如何**在过度保护与放弃养育之间取得绝佳的平衡点**，正是显露父母教育本事之处。

虽然说得头头是道，但实际上我是个在孩子幼年时期过度保护孩子的反面教材。长子在学生时期参加露营等活动时，其他朋友都能完全掌握团队合作的要点，只有长子不知道该做什么，只会在旁边观看。长子察觉到是我平日的过度保护和干涉，导致他很多事都不会做，于是向我表达了不满。

还有其他的例子，例如，当长子离巢独居时，帮忙搬家的先生突然发现儿子完全不知道从何下手、组织能力也很差时，对我曾经的过度保护很是生气。

父母如果帮孩子打理好所有事，**即便当时每件事都能按部就班地解决，但就长期而言，会让孩子缺乏能力**。在长子小学高年级时，我理所当然地帮他准备户外徒步和住宿的行李，二女儿看到这个情况，惊讶地说:“连这种事都不让他自己做，是想把他养育成什么样的孩子？又不可能帮他做一辈子。”

因为帮孩子做比让孩子自己做快，所以我选择直接帮孩子处理大部分的事。现在仔细想想，**即使让孩子自己去做，也花不了太多时间**，长远来看，随着孩子自己会做的事增加，我的工作也会减少。而且，更重要的是，那样才是真正为孩子好，而当时的我并未明白这个道理。

过度保护最大的问题在于，剥夺了孩子通过失败而学习的机会。在司空见惯的日常生活之中，唯有通过失败才能汲取经验，自己动手做才能学习到窍门和要点等。事情明明很多，却因为我的过度保护和干涉，夺走了儿子宝贵的学习机会。

这一节的问卷调查中，学生提及的便是，**父母的过度保护或干涉会妨碍孩子培养基本能力、自主性与积极性**。有句话说得很好，“真正的爱是伴随着严厉的”。

父母用错误的方式爱孩子，原本能够成长的孩子不但无法成长，就连与生俱来的能力也会遭到扼杀。那样的后果，就会像我的某个儿子一样，到现在连打扫、洗衣服等家务都不会做。

Ⅲ　让孩子活出自我

7 尊重孩子的性格
告诉孩子“跟别人不一样也没关系”

问卷调查结果

★ 不会随波逐流而迷失自我

我的父母总是跟我说，重视自己的感受、做自己想做的事。当我随波逐流而迷失自我时，经常会被父亲责骂。他经常跟我说，要有随时以自我为中心，**掌控自己周遭事物的气魄。**每当快要迷失自我时，我都会回想父亲的那段话，重新站回原点修正自己。

（早稻田大学政治经济学系 K 同学）

★ 不要模仿他人，思考现在的自己应该要做什么

我的父亲时常要求我**思考现在的自己应该做什么。**在我习

惯父亲的教育方法之前，我模仿朋友或是未加思考就行动时，就会被严厉斥责。虽然也曾经想要反抗父亲，但母亲总是从旁协助我。然而，现在我能够独立思考，明确地依据自己的想法行动，这都必须感谢我的父亲。

（东京大学研究所 I 同学）

✶ 不要害怕跟其他人不一样

父母教导我，**不要拘泥于常识及常规，重视自己思考的结果**。并鼓励我，不需要害怕自己跟其他人不一样。

（东京大学研究所 H 同学）

“大家”也会有犯错的时候

只培养协调性，孩子会变成“消极主义”

在培养孩子的自主性，使其拥有独立思考与行动的能力时，最重要的是不要让孩子输给蔓延在社会之中的“同辈压力”。问卷调查中，很多学生的父母都**教导他们“不要害怕跟其他人不一样”，给了孩子勇气。**

因为同学们都这样说、因为老师说、因为电视上的人这样说，在沾染上“因为大家都这样，所以我也应该跟着做”的思考方式之前，要让孩子知道“大家也很有可能犯错”。唯有养**成自己决定“自己的想法是什么”“自己应该要做什么”**，才是培养孩子自主性的根本。

只重视“协调性”的教育，孩子很有可能会变成“奉承主义”和“消极主义”。我自己是在父母“任何事上都不要抢风头”的教导下长大，但回顾过去时，我却察觉到，很多的失败和后悔都不是因为“不抢风头”，而是消极的生活方式所造成的，这让我惊讶万分。小心翼翼地迎合朋友，就结果而言，对双方都不是好事。在建立真诚的人际关系上，这样是有负面影响的。

另外，强调自我的先生，让孩子们拥有“即便被批评也要说出自己的主张”的坚定能力。我先生及他的家人，如果无法光明磊落地陈述自己的想法或意见，就会全身不舒服。表面上看来好像很任性、过度自信，但并非如此。

跟我这种迎合奉承类型的人相比，他们为人正直，总是敞开心胸、真诚地跟人来往。而且，绝对不会被他人耍得团团转。

我先生也经常跟孩子们说，电视或新闻的报道不一定都是正确的，有时他会挑选一个议题，告诉孩子媒体会这样报道，但自己持不一样的意见等。然后，**询问孩子“你们怎么想？”，让他们讲述自己的意见和感想**。关于人生的态度也是如此，他总是不厌其烦地对孩子们说：“不要变成没有远大梦想和目标，只会随波逐流的人。”

多亏有这样态度强势的父亲，我们家所有的孩子在“不随波逐流”“不害怕被批评，任何时候都可以说出自己的意见”的态度养成上有不错的成果。在“任何事情都不要太出风头”的教育下长大的我，如果独自养育这些孩子，应该无法教给他们这些。

虽然与他人和谐相处的协调性教育很重要，但那并非全部。过度重视协调性会把孩子养育成随波逐流、没有自主性的人，这对孩子的成长具有一定的危害。

谦虚跟协调性固然重要，但一味地随着方向错误的人起舞，不如掌握形势让大家跟着自己走。有时候，不论其他人怎么想，自己要始终相信“大家都搞错了”。这种坚毅的态度，也是养成自主性的重要因素之一。

8 与其“不要给别人带来困扰”，不如“对他人有帮助”

比起过度谨慎，不如胸怀大志

问卷调查结果

✶“多为别人着想！”会使孩子变得消极

可能跟父亲是警察有关吧，他总是教育我“不要给别人带来困扰”“多为别人着想”。在非常强调“不要给别人带来困扰”的教育之下，**我养成了总是为他人着想的习惯，变得很消极。**

（一桥大学商学系经营学组F同学）

✶领导者的共通点是对他人有帮助

我从小就被教导“注意作为人应该要有的样子”。只教导孩子“不可以给别人造成困扰”是不够的。例如，尼特族[1]主张

1 尼特族，是指受过高等教育，不升学、不就业、不进修的青年族群。

自己没有给别人带来困扰，但其实只是没有缴纳税金造成困扰的问题，没有浮上表面而已。

因此，**我很感谢我的父母，比起教育孩子不要变成给别人带来困扰的人，他们选择教导我“要以成为对他人有帮助的人为目标”**。就如同马丁·路德·金、德雷莎修女、德川家康等“领导者”的共通点是对他人有帮助。

（庆应义塾大学医学系 H 同学）

总是强调“不要给别人带来困扰”，会让孩子变得畏畏缩缩

要让孩子胸怀大志

来找我咨询的父母中，大多都有以下烦恼：过于强调“不可以给别人带来困扰”的管教方式，让孩子变得畏畏缩缩。

教导孩子要多留意，不给别人带来困扰当然很重要，但如果喋喋不休地强调，最后连孩子的动力都剥夺掉，那就本末倒置了。**只以不给别人带来困扰为目标的教育方式，会让孩子变**

得过度谨慎，无法培养自主性。

而且人真的能不给别人带来困扰吗？就连备受大众尊敬与信赖的名人或诺贝尔奖得主都说，他们能获得今日的成就，都是因为背后有很多人的支持与牺牲。然而大多数的“牺牲者”并不觉得自己有任何牺牲，反而是与获得成就的人一起感受成功的喜悦。

有远大的志向，支持者就会聚集而来。更重要的是，拥有对社会有贡献的宏愿，就会吸引不觉得困扰是困扰的人来帮助你。

胸怀大志的人面临重要的决断时，不会因为害怕给他人带来困扰或牺牲而踌躇不前。相反，越是不想努力的人，越会将小问题当作不采取行动的借口。

遇到困难时，向他人求助也是一种勇气，正因为如此，甚至也有人说那是“成为独当一面之人的必备条件”。**比起担心会给别人带来困扰而什么都不做，不如做好即便给别人带来困扰也要有所行动的心理准备。**

人只要活得诚实正直、胸怀大志，就会很不可思议的，有不把困扰当作困扰、愿意给予协助的人自愿聚集到他身边。当然，在完成宏愿的同时，也要回报这些人的恩情。

因此，父母不要只是教导孩子别给他人带来困扰，而是要**教孩子谨记胸怀大志，活得诚实正直，培养人脉等概念，**让不把困扰当作困扰的人自愿聚集到自己身边。

不要让过度小心的“不要给别人带来困扰”，成为抹杀孩子自主性、强大动力的原因。

9 从“小地方”建立孩子的自信
小小的自信是培养孩子能力的肥沃土壤

问卷调查结果

✶ 小时候“体验”优异可以带来自信心

小学低年级时，学习成绩优异让我有了自信。由于斯巴达式的教育，我经常名列前茅，而我为了维持名次自动自发地努力学习，产生了正向循环。另外，还有一点我觉得很好的是，**幼年时父母让我体验铁人三项，在比赛中拿到好几次冠军，这让我拥有了越来越多的自信。**

（东京大学经济学系 A 同学）

✶ 给予“想拥有一技之长”的刺激

我的母亲从小就一直苦练钢琴，以从音乐大学毕业、成为钢琴家为目标。受到母亲的影响，我也非常崇拜艺术家或运动员等拥有一技之长的活跃人物。母亲非常严厉，从小时候就非常严格地教育我，但**我很尊敬因拥有弹奏钢琴这项突出能力而**

闪闪发光的母亲。

我也想要成为拥有一技之长、活跃于某个领域的人物，并坚定地认为大学是磨炼专业领域能力的地方，因此在高中选择未来的出路时，就非常认真地选择了自己未来的志向。

（东京大学工学系研究所T同学）

✶“文武双全”的教育方法

我父母采取的是“文武双全”的教育方法。虽然我也去上补习班，但他们从未要求我要好好学习，而且一直很支持从小学到高中都热衷棒球的我。**多亏能够持续打团体竞赛的棒球，培养了我的协调性与朝着目标努力的专注力，同时让我有了自信心。**

（一桥大学N同学）

一技之长带领孩子走向耀眼的舞台

该如何改变消极的孩子呢？

无论什么领域，让幼年时期的孩子拥有自信，可以培养他的自主性与积极性。

在问卷调查中有好几位回答到，**幼年时期在学业或运动上获得的自信，成年之后也持续适用**。有一技之长的人，即便在其他事情上没有那么厉害，也能拥有自信心，过着令人羡慕的充实生活。

我小时候的玩伴，在学生时代开始学习配合民谣跳的舞蹈。因为是很少见的舞种，她觉得很不好意思，所以一直都没有跟大家讲。她非常努力地学习，即便结婚后也不间断，最后终于成为师匠，现在68岁的她拥有很多弟子，还非常活跃。

初中时，她几乎没有存在感，同学们连这个人是否存在于班级都不知道，而现在她竟成为充满激情地谈论着工作、比谁都耀眼的人。

在特定领域获得的自信与教训，能够成为往后人生的助力，这样的例子从我孩子身上也可以看到。

我家小儿子有很长一段时间，无论是学习还是生活都很被动，即便在家里玩耍也总是黏着哥哥。

后来，是柔道的黑带改变了他。他在幼儿时期受到擅长柔道的父亲启蒙，进入初中开始社团活动时，就选择了柔道社。而且家里有好几件缝有他名字的旧柔道衣，从此，亲子之间的柔道似乎已经超越了玩乐的范围。

应该是他在柔道社时，比其他初次接触柔道的孩子要更为突出，因此产生了动力。他自己也说，因为柔道他变得更坚强，**对其他事也变得比较积极，产生了无论做什么，只要去做就可以做得到的自信。**

他上高中时，突然决定要去美国留学。以前那个要玩什么都由哥哥决定的孩子，竟突然要离巢独立，甚至比哥哥姐姐们都要早离开家，这使得每个人都像是被雷击中一般地惊讶。

原本总是消极被动的小儿子，自己开启了留学的道路，在美国取得了期望中的成绩，并顺利就业。

小儿子通过努力取得柔道黑带，并从中学习到能够独自克服留学时种种困难的能力。

让孩子在幼年时期亲近运动与技艺，会使他们喜欢上运动，活跃于社团活动等契机，能带来相当大的效果。热衷于某件事情并持续不间断，通过精通这项技能而获得自信、学习协调性，是养成自主性与领导能力的基础。

Chapter 1 重点

让孩子自己做决定

自主性的有无跟来自哪所大学无关

与我关系要好的某上市公司前部长经常说:“我做了这么久的新员工培训,令人惊讶的是,懂得举一反三、反应能力强等应有的常识,跟毕业学校的排名没关系。”

他感慨道:“有很多新人虽来自一流大学,但没有独立思考的能力,没有指令就不会行动。他们很擅长解决上司交代的任务,就如同准备考试一般,因此能够进入一流企业工作,但几乎没有基本常识,必须从头教起。”

今后针对培养孩子“自主性”教育的讨论,应该会越来越深入吧。

在第一章,讨论了孩子的自主性是在怎样的环境下培养出来的。下面让我们来回顾第一章的内容。

✶ 让孩子自由地做决定

1. 给孩子自由,让他探索自我

你有给予孩子选择的自由,让孩子自主地做决定吗?如果

不让孩子自由地做决定，他们就无法了解对自己而言什么是重要的，找不到自己喜欢的事。最后，会变成没有他人帮忙，就什么都无法自己做决定的被动者。

2. 让孩子自己设定目标

你有让孩子自己设定目标吗？父母强加给孩子的目标，是不会让他们认真努力的。当孩子自己设定目标时，努力起来判若两人。

3. 尊重孩子对未来出路的想法

你尊重孩子的想法吗？针对孩子的未来出路等重要决定，如果不尊重孩子的想法，会在亲子关系上种下祸根。

✶ 不过度干涉，从旁协助孩子

4. 尊重孩子的自主性，但也给予充足的建议

你有给予孩子充足的建议吗？自主放任与单纯的放牛吃草截然不同。

5. 提供各种选项，让孩子做最后的决定

你有提供适合孩子性格的选项吗？不要强硬地帮孩子做选择，而是最后让孩子自己做选择。

6. 不要过度保护孩子

你有过度保护孩子吗？长期而言，过度保护会妨碍孩子的成长。在协助孩子与过度保护之间取得绝佳的平衡点，也是父母在教育上必须做的重要判断。

★ 让孩子活出自我

7. 尊重孩子的性格

你尊重孩子的性格吗？不过度要求孩子配合周遭环境，教导孩子“跟别人不一样也没关系”，让孩子学习不随波逐流、拥有独立思考的能力。

8. 与其“不要给别人带来困扰”，不如“对他人有帮助”

你是否总是对孩子念叨“不要给别人带来困扰”呢？拥有最低限度的礼貌或礼仪很重要，但太过强调就无法培养孩子的“高远志向”。

9. 从“小地方”建立孩子的自信

你有培养孩子的自信心吗？如果孩子在某件事上拥有“自己可以做得到”的自信，就可以创造出适用于其他领域的自主性与积极性。

2

Chapter

拓宽视野，引导孩子寻找『天职』

增加选项，往擅长的领域精通

让孩子养成拓宽视野的习惯，寻找自己的“天职”

“想要拓宽视野，去念 MBA 是最好的方法。”

这是我以前工作的外资金融机构，第一位上司对我说的话。

他从斯坦福大学 MBA 毕业之后，进入私募基金及投资银行工作，以累积经验。之后，他成为大型跨国企业的日本公司社长，无论是能力还是品性都非常优秀。二十多岁时，尊敬的上司对我说的这句话，我一直谨记在心，成为我未来留学的动力之一。

回顾我自身的经历，以到欧洲工商管理学院（INSEAD）留学为契机，再到法国、新加坡，以及中国学习的经历，使我的视野和人脉拓展到了全世界。留学之后，我交到 80 多个国家的朋友。从新加坡的军人、英国的政治家、摩尔多瓦的教育创投经营者、沙特阿拉伯的顾问、英国的饭店大王，到肯尼亚的律师，朋友类型众多。人际关系的延伸，与视野的拓展有直接关系。

在留学期间，我接触到来自世界各地同学的多元价值观和视野，他们活跃于世界与实现自我的姿态，刺激了我，使我从众多的机会中寻找“天职”的念头更加强烈。

这个**“拓宽视野，寻找‘天职’”的教育，是父母能够给予孩子的最重要的教育之一。**

做适合自己的工作，这样人生就已经赢了九成。

相反，如果做了不适合自己的工作，即使再努力，也很可能会变得不幸。

在年轻时拓宽视野，**了解自己的喜好、强弱与价值观的人，在未来选择职业时可以寻找到接近“天职”的工作。**相较之下，只会准备考试的精英视野狭窄，对自己的认识也浅，无视自己的心声，投身不适合自己的领域，很容易迷失自我。

在学生时代累积经验、拓宽视野，也是寻找想做一辈子的“天职”的重要前提条件。本书的问卷调查中，有非常多的建议都提到了拓宽视野的重要性，重点列举如下：

拓宽视野

1. 拓宽视野，刺激求知欲
2. 通过阅读增长见闻，帮助孩子养成主动学习的习惯
3. 通过孩子喜欢的书养成阅读习惯
4. 将视野拓宽到世界

开拓通往“天职”的道路

5. 支持孩子做自己感兴趣的事情
6. 寻找孩子才能的种子，研磨“原矿”

谈到拓宽视野，我想特别强调“体验求知欲带来的满足感”的重要性。为什么呢？回顾我自身的经历，受到大学时代恩师的启发，我第一次知道什么是**“知识的成就感”**与**“求知欲带来的满足感”，察觉到拓宽视野、深入思考的乐趣，最终学会了自主学习。**

另外，在拓宽视野上，阅读习惯的重要性值得一再强调。我看过各国的精英阶层，**一流的领袖毫无例外的都是“超级大书虫”**。

跟我同辈的友人，从东京大学法律系毕业之后，取得哈佛大学 MBA 学位，年纪轻轻就被世界级大型投资公司提拔为分公司社长，可以说事业已经飞黄腾达了。

询问他年幼时期的家庭教育有何特征，他回答：**“父母都是爱书之人，总是一起到书店买书。从结果来看，家里堆满了书，只要一有时间就会阅读。”**

有非常多的一流商业领袖都回答到，他们受到父母阅读习惯的影响而喜欢上阅读。阅读习惯成了拓宽视野、学习习惯，甚至是活跃于职场的基础。

关于将视野拓展到世界这一点，小时候的海外体验具有非常大的影响力。有一位我很尊敬的前辈，在哈佛商业学院以优秀的成绩毕业，并成为创投行业的业界领袖。他回顾自身会将眼光放大到世界的契机是，幼年时期在欧洲生活的经历拓展了视野，**让他能够从不同的角度审视自己和自己的国家，这一点的影响非常大**。不只是这位前辈，许多有海外生活经历的领袖都这么说。

能够通过拓宽视野，寻找将来“天职”的启示，并不是富裕家庭的特权。例如，阿里巴巴创始人马云，他通过提供免费的导览服务，让来到日本中部地区的游客学习语言，将视野拓展到世界。

另外，不是只有出国才能拓宽视野，国内也有很多机会。一位我非常尊敬的友人，他是日本知名汽车制造公司的研究员，职场生活充实。他之所以进入东京工业大学就读，毕业之后进入汽车公司担任技术研发一职，**其原始体验源自他小学时，被父亲带去参观万国博览会，因此对各种机械产生了浓厚的兴趣，成为日后努力的契机。**拓宽视野的方法有很多，而且谁都可以做到。

本章的后半段会讨论，在拓宽视野之后，给予方向、引导孩子寻找"天职"的重要性。让孩子尽情发展兴趣，协助孩子尽可能朝着适合自己的"天职"前进，是父母最伟大的工作之一。

在此，关键不在于为了拓宽视野，每件事情都让孩子去挑战，这样只会培养出经常半途而废的孩子；**让孩子察觉到，自己喜欢什么，自己有什么才能，在哪个领域能够胜出，然后协助孩子向那个领域前进，才是重要的。**

我向知名投资基金的共同经营者印度友人询问他对女儿的教育方法时，他回答："小的时候我让她挑战任何她感兴趣的事物，但是，为了避免变成样样略懂却样样不精通的人，会适时地引导她走向自己擅长的领域。"

如上所述，不论哪个国家，伟大的父母都不只是拓展孩子的视野，同时还会依据孩子的性格，引导孩子找到自己的"天职"。

下面，就跟着南瓜夫人一起来了解，世界一流的父母是如何教导孩子拓宽视野，找出"天职"方向的。

| 拓宽视野

1 拓宽视野，刺激求知欲
孩子难以自行拓宽视野

问卷调查结果

★ 在懂事之前，通过各种刺激培养好奇心

父母在我懂事之前就开始培养我的好奇心，才会有现在的我。具体而言，**从幼儿时期开始学珠算、书法、公文写作、棒球等，让我从各种方面获得刺激。**

这样的教育方法可能会被冠上虎爸虎妈的恶名，但对于出生并成长于乡下的我而言，那维持了我最低限度的求知欲，也提供了必要的元素，才形成现在的我。

（早稻田大学会计学研究所 A 同学）

★ 希望有海外的选项可以选择

我希望父母当时能为我**提供更宽广的世界观。**我出生于乡下，以为只有进入乡下的高中才能考大学。但进入大学之后，我才知道可以自行到海外的高中或大学接受教育。

高中时期的我连海外这个选项都没有，如果父母当时可以给予我那样的观点该有多好。当我成为父亲后，一定会让孩子看看各种不同的世界。

（庆应义塾大学商学系 S 同学）

✶ 满足求知欲的教育相当重要

自年幼时期开始，我的父母根据我的年龄，用我听得懂的语言跟我解释生物、化学、历史、文学等各种不同领域的东西。然后，**再针对我特别有兴趣的领域，为我推荐阅读书目，跟我谈论那个领域的事，让我时常保持求知的好奇心。**

多亏了我的父母，我在满足求知欲、获得知识的喜悦与成就感中度过了童年。

为了满足求知欲，即便遇到困难我也不会轻易放弃，通过不断深入研究，懂得了跨越困难之后的成就感是值得去努力的。

（东京大学医学系研究所 S 同学）

养成自主学习的关键，在于满足求知欲
从小就养成积极的态度

拓展孩子的视野、为孩子带来求知欲的满足感，是父母能够做到的最好的教育之一。用广阔的视野看世界，才能知道自己想要做什么、应该往哪个方向走。

孩子如果能体会到自己学习、满足求知欲的喜悦，父母就算放任不管，他也会自动自发地学习，自主地成长。

在本次的问卷调查中，可以看到，在高中或大学遇到的同学曾体验过自己未知的世界，孩子们的反应是：**“我也想要了解那样的世界。”**

例如，“即便很勉强，我也想要学小提琴”“希望爸妈带我去海外旅游”“希望父母让我出国留学”“想要知道世界上还有很多职业”等各种意见。

虽然我很想说父母并非全能，但反过来想，从中可以看出孩子对父母有很大的期待。

关于拓宽视野，在问卷调查中回答最多的是，“父母买了很多理科或社会学的图鉴、杂志给我”“虽然爸妈没有给我零

用钱，但书则是想买多少都可以”“父母为我提供了很多体验的机会，例如，露营或旅行等”。**这样的经历会刺激求知欲，最后也会演变成孩子自动自发学习的契机**。

另外，在问卷调查当中，学生通过体验求知的满足感、喜悦与达成感来感谢养育自己的父母。

我家的长子在大学时代接触到广泛的知识、开拓了视野，从那个时候开始对经济与金融产生了兴趣。长子说他在那个领域的知名教授门下学习，第一次尝到了学习的乐趣，因此变得能够自发地学习。

的确，长子在遇到那位教授后，原本讨厌学习的他，也一头栽进学习的世界。

满足求知欲的体验，会成为持续学习的动力来源，更不用说小孩子了。所以，尽早体验求知欲带来的满足感，绝对有助于孩子获得一辈子受用的学习动力。

年纪尚小的孩子，难以自己拓宽视野，因此**父母的努力可以说决定了孩子视野的宽度**。

在后面会详细说明，“养成良好的阅读习惯”“与能够给予知识上刺激的朋友或恩师相遇”，对拓宽视野的必要性。

另外，父母本身能够尊重多元的观点与价值观，以“自己是无知且视野狭小的”谦虚态度认识现状，是很重要的。因为认识到自己的不足，是拓宽视野、了解自我的第一步。

2 通过阅读增长见闻，帮助孩子养成主动学习的习惯

阅读是所有学习能力的基础

问卷调查结果

★ 感谢鼓励我阅读的父母

非常感谢我父母自幼年时期就非常积极地鼓励我阅读，小学时父母几乎每天都到图书馆借阅书籍推荐给我，日常生活中给予了我增长见闻的机会。

（东京大学法学系 K 同学）

★ 唯有买书不会吝啬

我认为，通过阅读构建出保持好奇心的环境造就了现在的我。只要是我有兴趣的，无论是百科全书，还是大人看的铁道杂志或历史杂志等，父母都毫不吝啬地买给我。应该是阅读习惯将我培养成好奇心强的性格。

（一桥大学商学研究所 S 同学）

> ✶ **念书给孩子听，构建理解能力的基础**
>
> 父母的教育方法之中，对我影响最大的是，在我幼年时期父母念了非常多的书给我听，塑造了我理解能力的基础，视野也变得广阔，能够独立自主地思考。
>
> （东京外国语大学外文系 F 同学）

书本提供与世界接触的机会
“接触多少文字”左右了孩子的人生

以上的问卷调查中，学生们之间最大的共通点就是，在幼年时期父母都念书给他们听，并提供很多**书籍给他们阅读，让他们养成阅读的习惯。许多学生通过阅读拓宽视野，强化好奇心。就算父母不要求，他们也会自觉地阅读。**

问卷调查中有许多学生回答自己的家庭教育方法是“自由放任”。孩子觉得很自由，但能够让孩子这样想的父母，一定也是费尽心思地引导。**以身为教，让孩子看到父母认真阅读、**

学习的样子等。方法很多，最常见的应该就是阅读习惯的养成吧。

考上顶尖大学，但几乎都不曾被父母要求要好好学习的学生中，很多都回答“父母在幼儿时期念绘本给我听，让我喜欢上阅读”“父母毫不吝啬地买书给我”“父母不断从图书馆借书给我看”“家里总是有很多书，阅读环境极佳”等。

综上所述，我们可以观察出**从阅读培养好奇心、阅读能力以及专注力，自然而然养成主动阅读的习惯的流程**。

大家应该都知道阅读的好处，我有位爱书的朋友说，阅读让他“遇见很多有魅力的人物”，我衷心地觉得这个感想非常棒。

朋友说道:“在生活中难以碰到的优秀的人，但在家里通过书本，可以跨越时间与空间跟他们相会。”这位友人是个“超级书痴”，自幼年时期就在书柜的围绕中长大，书柜里的每一本书他都阅读过。“文字不会使人痛苦”的口头禅，让他在高中时代一边写小说，一边考上了志愿里最难进入的大学。

现在讲这些已经来不及了，本次的问卷与访谈调查，最让身为育儿反面教材的我觉得后悔的是，应该多增加一些亲子阅读时间。当时的我在家务上花了太多的时间，应该**每天至少挤出一小时用于亲子阅读**才是。

过去我总以“你应该要那样，你不可以这样”的语气命令孩子。现在我感到非常后悔，如果当时我依据孩子的年龄，以及他们关心的事物去选择适合的书籍，通过阅读共度令人感动的时光，对孩子来说应该会有很好的影响吧。

包括“给予许多扩展见闻、强化教养的机会”“从不同情况来评判什么是正义与邪恶”“超越时空的限制，遇见人生导师与标杆人物”“获得能够独立自主的契机”等在内，在培养孩子的想象力、拓宽视野上，没有什么比阅读更可以称得上是“最好的朋友”。

3 通过孩子喜欢的书养成阅读习惯
被强迫的事情不会持久

问卷调查结果

★ 多亏了父母自幼年时期念书给我听，让我喜欢上阅读

我很感谢母亲在我幼年时念书给我听，所以才有现在喜欢阅读的我。妹妹也因为母亲**念了《哈利波特》给她听之后喜欢上了阅读**。我认为，念书给孩子听，对孩子往后的阅读量会有很大的影响。

（早稻田大学社会科学系 K 同学）

★ 先从孩子有兴趣的地方养成阅读习惯

我们家是相当重视阅读的家庭。因为父亲在出版社工作的关系，我**从小就在亲近阅读的环境下长大**。因此，阅读成为我汲取知识的主要工具，使我能够从小就积极地吸收各种知识，成为我长大之后思考的养料。

是否从小就习惯阅读文字、汲取知识，**对孩子长大之后的学习能力有决定性的影响**。因此，小的时候给孩子念绘本、买学习漫画等，让孩子在有兴趣的领域养成阅读习惯是很重要的。

（早稻田大学政治经济学系 S 同学）

★ 只要是孩子想看，即便爸妈觉得是“无聊的书”也应该让孩子阅读

我很感谢父母愿意念绘本，买任何我想要的书。即便是我当时绝对读不懂的书，抑或者无聊且幼稚的书，父母都会买给我，一点儿也不在乎价格。现在回想起来，我的父母应该是不想扼杀我的好奇心吧。多亏如此，现在的我不但**对阅读一点儿抵抗力都没有**，而且如果太久没阅读，还会觉得浑身不舒服。阅读对于了解社会非常有帮助。

（东京大学法律系 T 同学）

让孩子读“自己想看的书”，而非“父母想让孩子看的书”

若非发自内心，孩子是绝对不会阅读的

想让孩子养成阅读的习惯，最有效的方法是让孩子接触他感兴趣的书。

例如，孩子表现出感兴趣的东西，车子玩具、动漫人物，抑或是世界昆虫大百科。总之，从孩子感兴趣的事物延伸出去，让他自然而然对文字产生亲近感，这对学习习惯的养成会有决定性的影响，同时也是自我反省。切记，**不可以强行让孩子去阅读父母觉得应该要读的书，或者是刚好手边有的书。**

我的大女儿一岁多时喜欢上《小熊维尼》系列的绘本。刚好绘本的大小比普通的书要小一些，她无论走到哪里都很珍惜地带在身上，不厌其烦地反复阅读。她最喜欢的是《小熊维尼》系列绘本的第一本（题外话，女儿有一天不小心把书掉落到新干线的轨道上了，虽然后来买了一本新的给她，但她对新书的喜爱程度似乎不如旧书）。

在那之后，我会配合她的成长与兴趣，为她购买世界文学

全集等书，而她也无视我的钱包是鼓是扁，以飞快的速度一本接着一本地阅读。多亏如此，家里书的库存十分充足，第二个孩子出生之后也无须购买新书。然而，这同时也是一个陷阱。

父母专门配合她的兴趣买书的孩子，与因为家里有很多的书，便用一副你随便选一本来读的态度而被晾在一旁的孩子，两者喜爱阅读的程度应该大相径庭，**阅读量更是不可同日而语**。

我过去也是如此，跟着潮流阅读了大家说的年轻人“必读书”，如陀思妥耶夫斯基、夏目漱石等作者的作品。我的确读了，但完全没有更深入地理解或感动。然而，我依据自己的喜好阅读的书籍，哪怕是小学时期读过的，到现在依然能清晰地记得书中的内容。

跟现在比起来阅读环境没那么好的小学时代，我依据自己的喜好，阅读的林肯、海伦·凯勒、南丁格尔、居里夫人等人的传记，总是让我非常感动。书中的情节，抑或是书中谈论到的正义感、赌上性命般的努力，以及他们的丰功伟业等，我到现在都能清晰地记得。

由此可以得知，不要跟风让孩子阅读现在流行的书，或是家里原本就有的书，而应该**配合孩子的兴趣，让他自己选择想阅读的书，这才是让孩子喜欢上阅读的第一步**。

在拥有纯洁心灵的时期，亲近自己有兴趣的名著或伟人传记，可以说是遇见了良师益友。

多亏了小时候的阅读经验，我养成了阅读习惯，长大后越是在精神压力大的时候，越会牺牲睡眠时间沉迷于阅读最爱的历史小说中。

只要阅读小说，原本感觉自己很不幸的事也会变得微不足道。如果没有从书中得到感动与教训，我的人生将会变得多么无趣呀。

即将养育孩子的父母，请务必配合孩子的成长阶段，以他感兴趣的领域为中心，提供亲近阅读的机会。

4 将视野拓宽到世界
多元教育的重要性

问卷调查结果

✶ 带孩子去各个地方

我母亲的教育方法是“带孩子去更多的地方”，这使我消除了对不熟悉地方的不安。

我记得最清楚的是，**小学时母亲带我去洛杉矶的事情**。在洛杉矶，母亲想从ATM机取钱，正苦于不知道如何操作时，有位年轻的美国女性过来帮助了我们。在输入密码时，那位女性为避免看到密码，特意转身背对母亲，她的身影让我印象深刻。这件事让我觉得就算是在国外也没什么好害怕的。

（名古屋大学理学系K同学）

✶ 学习多元性的教育方法

在我幼年时期，有很多机会让我理解了什么是多元性。

因为**家里开公司**，**来往的都是大人**。在大人环绕的环境下长大，让我早早地学会了以大人的角度来思考各种事物。

另外，因为我时常跟着父亲一起去中国出差，文化冲击如家常便饭。这样的经历让我认识到人的多元性，也养成我良好的适应能力。

（庆应义塾大学 H 同学）

广阔的世界观是孩子丰富的财产
不要把孩子绑在身边

我家的四个孩子，由于留学或就业，都移居至海外。儿子们像候鸟般在好几个国家居住着。

多亏如此，我能以孩子的居住地为据点到许多地方旅行。从长女决定定居的温哥华，到中国香港、巴黎、洛杉矶、波士顿、纽约与伦敦，我在每个地方都能待上好几个月。

与不同的人接触，我深切地感受到，无论哪个国家的人都亲切温柔、充满幽默感，并且拥有同样的喜怒哀乐。

每个国家都有自己的历史建筑物或文化遗产，非常谨慎地保存并开放给大众参观。各地特有的传统与风俗皆不同，用同一个标准去评断哪个民族是优是劣，简直荒谬到家。

我在法国时，多次邀请儿子的友人举办派对，跟 80 个国家、共计 120 人畅谈过。虽然很多人是第一次吃到我做的日本菜和韩国菜，但他们对这新鲜的味道并不抗拒，这让我了解到，好吃的东西对每个国家的人而言都是好吃的。

身边充满美食、愉快谈天，每个人都很开心地参加派对，让这里没有国界。这个经验使我认识到这是跨越国界、熟悉彼此最快的方法。

写了这么多自鸣得意的事，是有理由的。旅游或亲近外国人，都是在体验那个国家的文化与风俗习惯。正如前面所说，广阔的人际关系与视野的开阔程度是直接相关的。如果我在年轻时有类似的经验，应该能够以更广阔的视野养育孩子吧。

我有些朋友**为了拓展孩子的视野，经常把世界各地的旅游导览手册放在客厅**。

他们希望孩子能自然而然地亲近外国文化，熟悉世界与本国的历史，喜欢阅读。相较之下，我只在客厅摆了个地球仪。

如果我有机会再次养育小孩，我不会再强迫他学习才艺，因为我完全找不到要强迫孩子去上钢琴、书法、绘画课的理由。

家庭教育的重点应该放在，**通过游戏或旅行累积多元的经验，培养孩子多元的思考方式和广阔的视野**。不要把孩子绑在身边，要塑造孩子广阔的世界观。

无论哪国人，丰富的世界观都是建立人际关系不可或缺的财产。

5 支持孩子做自己感兴趣的事情

喜欢的心情能够带来动力

问卷调查结果

★ 让孩子体验感兴趣的事物

小时候，**任何我感兴趣的才艺，父母都让我去学**，如钢琴、游泳、珠算、书法等。

在高考阶段，父母端茶水、点心到我房间让我稍事休息等，作为我精神层面上的后盾，让我深深感受到父母对我的爱。我认为让孩子体验有兴趣或好奇的事物，是父母重要的工作。

（东京大学工学系研究所I同学）

★ “体验主义”的教育方法非常好

尽可能让孩子体验自己感兴趣的事物，这种“体验主义”的教育方法对我的人格塑造有重大影响。父母不会强迫我学习才艺。但另外，**无论是运动、音乐或艺术，只要我感兴趣的事物，他们都会让我去体验。**

（东京大学工学系研究所 H 同学）

★ 不强迫孩子，而是让孩子做自己感兴趣的事

只要是我感兴趣的事物，我的父母都不会吝啬投资。例如，我小学时对身边的自然现象感到好奇，我的父母就买了好几本关于该现象简单易懂的书籍给我。另外，父母完全不会逼我学习，或是要求我加入某个社团，而是**让我尽情地做自己想做的事。**

（庆应义塾大学理工科研究所 K 同学）

热衷自己喜欢事物的过程，能孕育“积极性”

强者知道自己喜欢什么

孩子在探究自己感兴趣领域的过程中，是能够超越那个范围学习到更多东西的。从本次的问卷调查中可以看出，大多数的学生在年幼时，他们的父母都**毫不吝啬地全力支持孩子感兴趣的事物**。而这是我没有做到的，让我深深地反省了一番。

我家长子在幼儿时期对生物的好奇心就比其他孩子要强烈，正是这份热情，开启了他成长的原动力。

他 1 岁开始乘坐学步车时就会不时地伸长脖子，盯着奶奶饲养在鱼缸中的孔雀鱼。

虽然他完全不看绘本，也不认识字，却可以把图鉴中的热带鱼的名字倒背如流。我们家宛如有神童诞生，大家都很开心。

在他上大学之前，从美洲鬣蜥到稀有乌龟，一共饲养了十几种小动物。他总是瞒着我偷偷带回家，等到我发现时，它们已经成为我们家的一员了。

我经常大声斥责他："自己都照顾不好，还养什么宠物？"为了尽量不被我骂，他非常细心地照顾着它们。

我后来察觉到，**即便孩子感兴趣的事物跟学校的学习科目或才艺没有直接关系，父母也应该要表示支持才对。**

长子通过照顾小动物，逐渐培养了关爱生物的心，体会到生命的有限性。我也因为孩子瞒着我们偷带回来的狗，消解了一直以来都害怕动物的心理，甚至萌生了怜爱之情。

另外，长子**在这个过程中还学到了许多，例如，自主性与责任感等**。过去因为我的过度保护，他在日常生活中除了筷子以外没有自己拿过东西。然而，在照顾他最喜欢的宠物们时，即便弄得乱七八糟也不会请我帮忙（因为我非常不擅长跟动物相处）。从购买饲料到打扫宠物的房子，如果不好好照顾，宠物们是活不下去的。

如果他不学习，只顾着跟宠物玩，我就会惩罚他。因此，他为了在我的面前可以理所当然地照顾宠物，在跟宠物玩之前会先去学习，对学习也变得比较积极。宠物都有生命走到尽头的时候，因此他也会相当有责任感地照顾宠物。

即便到了现在，他就算没有时间整理房间，也要给家里的植物浇水、将它们移到光照好的地方，绝对不会怠慢。他说自己对待有生命的东西总是特别小心谨慎。

在重要的考试之前，长子也会花上大半天的时间去清理鱼缸，当时我觉得那样的身影让人烦躁，但也许这样能为他带来快乐，让他度过准备考试的乏味时光吧。

虽然对他而言，饲养宠物与他长大成人之后的“天职”并没有关系，但那是他一辈子的兴趣。

人生有很多即使讨厌也不得不去做的事，因此，**孩子感兴趣的事物、想要尝试的事情，就让他尽情地体验吧。**

热衷于喜欢的事物，在那个过程中除了养成积极性、自主性与责任感，还可以扩大交友圈等，进而得到意料之外的收获。

最重要的是，沉浸于喜欢的事情，在那个领域你比谁都要活跃，自然能孕育出自信，会成为未来走向“天职”的灵感。

6 寻找孩子才能的种子，研磨“原矿”
宝石不研磨也只是颗普通的石头

问卷调查结果

★ 多亏了父母，让我得以在擅长的领域尽情发挥

虽然父母完全不干涉我的学业，但**他们似乎知道我对理科有兴趣，只要有理科相关的活动，统统都会介绍给我。**通过支持我感兴趣的事，不但加深了亲子关系，也让我在擅长的领域尽情发挥，建立起自信心，使我在其他领域也能独立自主地行动。

（东京工业大学工学系工学营运系统组 F 同学）

★ 希望父母支持孩子的兴趣爱好

很希望当时父母在我努力于感兴趣的事物时，能提供一些相关的资料。我从小就对科学有兴趣，一直希望能从事与科学有关的职业。但我完全不知道有强化孩子科学知识的讲座或学校，在大学接触到顶尖科学时，我第一次知道竟然有那样的科技存在。如果父母能在更早的时候为我提供一些资料，我现在应该会拥有更多的知识和经验吧。

虽然我家的教育方法基本上是尊重孩子的想法，给孩子自由，但**即使有点强硬也无妨，对孩子感兴趣的事物，父母应该让孩子更加深入地学习**。通过各种体验找到适合孩子的领域，这样才能更有助于发挥孩子的特长。

（东京医科齿科大学生命资讯科教育学研究所 S 同学）

从孩子的兴趣联结到未来的“天职”

让孩子在擅长的领域尽情发挥

在研磨孩子这颗原矿时最重要的是，孩子如果对某个领域表现出强烈兴趣，就要果断地支持孩子在该领域发展。在第三章“坚毅”的主题中，将详细讨论父母在背后支持孩子的重要性，简单来说，**父母的支持会是孩子强大的动力来源，也有助于培养持续努力的精神力量。**

接上一节内容，我当时并未好好运用孩子的好奇心。当长子随身携带厚厚的动物图鉴，书都快要翻烂时，我应该趁热打铁坚决地支持他。我非常后悔，**如果那时我不断为他提供各种生物图鉴或其他生物相关的书籍，说不定他就会爱上阅读，进而更爱学习，抑或是成为出色的生物学博士。**

在那之后，他在家里能看的书，只有他不感兴趣的、姐姐们看过的童话书和故事书，而他的神童传说也就此结束。

我真诚地接受“**即使有点强硬也无妨，对孩子感兴趣的事物，父母应该让孩子更加深入地学习**”的意见。许多精英领袖，**其才能得以开花结果，大都是得到了父母的支持。**

小提琴家五岛绿的母亲，不顾周围人的反对把女儿带去美国接受精英教育，成功地将女儿培养成为小提琴家。

郑京和的姐姐是大提琴家，弟弟是活跃于国际舞台的指挥家，这全靠母亲一边经营食堂，一边培养孩子，让他们出国留学，才使他们得以发挥特长。

还有双目失明的辻井伸行，他的母亲虽然不懂音乐，但在儿子敲打玩具钢琴时，发现了孩子绝佳音感的才能，帮孩子找了钢琴老师，才有现在的他。

大江健三郎也是发现了智力障碍的儿子有分辨鸟叫声的天分与对古典音乐的兴趣，进而引导他成为作曲家。

上面的几位父母都在自己的非专业领域发现了孩子的才华，然后在背后支持、成就孩子。**如果没有父母近乎执着地细心引导，孩子的才华有可能会像钻石原矿般永久沉睡。**

另外，问卷调查中也有学生回答，没有什么比父母支持孩子发挥兴趣更能够加深亲子之间的羁绊。

父母总会在不知不觉之间把自己未能完成的梦想寄托给孩子，希望孩子能继承自己的梦想。但是，父母首先应该要做的是敏感地察觉孩子感兴趣的事物，并坚定地支持他们。

没有什么能比持续追求自己喜欢的事物还要幸福。持续一辈子，不断追求自己的兴趣，往往是通往“天职”的道路。向培养出孩子顶尖才能的父母学习，让自己成为支持孩子钻研兴趣、发挥所长的父母。

Chapter 2 重点

拓宽孩子的视野，让孩子在擅长的领域发挥才能

在第二章我们介绍了刺激孩子的好奇心、让孩子体验求知欲带来的满足感、拓宽视野，然后论及引导孩子找到自己的“天职”，从旁协助孩子的重要性。

要想活成自己想要的模样，做自己喜欢做的事，就要在年轻时多接触不同的事物，并从中找到自己喜欢什么、强项与弱项为何。归根结底，“了解自己”才是最重要的。

基于体验，深入了解自我，即便不是最好的选择，但从众多的选项中选择自己感兴趣并擅长的工作，也是寻找自己的“天职”。

幸福人生最重要的并不是去做人人都羡慕的工作，而是拓宽视野，了解自己与世界，去做自己喜欢的，并且能让周围人开心的工作。

在本章节，讨论了父母为帮助孩子寻找到自己的“天职”，在幼年时期应该为孩子做的事情。在此让我们回顾一下本章重点。

✶ 拓宽视野

1. 拓宽视野，刺激求知欲

你有拓宽孩子视野的经历吗？刺激孩子的求知欲和好奇心，让孩子体验求知欲带来的满足感。只为孩子提供自由，反而会让他们陷入狭窄的视野中。

2. 通过阅读增长见闻，帮助孩子养成主动学习的习惯

你让孩子养成阅读的习惯了吗？只要养成阅读的习惯，孩子便会主动地拓宽视野，养成学习的习惯。

3. 通过孩子喜欢的书，养成阅读习惯

你让孩子自由地阅读他们感兴趣的书吗？即使再无聊的书也无妨，让孩子乐在阅读，亲近文字的原始体验这件事情本身就很重要。

4. 将视野拓宽到世界

你让孩子的视野拓宽到世界了吗？接触多元的观点与价值观，孩子的活动范围自然地会拓展到全世界。

✶ 开拓通往“天职”的道路

5. 支持孩子做自己感兴趣的事情

你是否支持孩子做自己感兴趣的事情？孩子在追求自己感兴趣事物的过程中，能够学习到责任感、自主性等能力。

6. 寻找孩子才能的种子，研磨“原矿”

你找出孩子才能的种子，并好好磨炼它了吗？知名艺术家或运动员的背后都有着父母的支持，与孩子共同努力，往往能够找到孩子的“天职”。

3 Chapter

培养坚持不懈的坚毅品格

让孩子认真挑战，不轻言放弃

比起聪明，动力与毅力更为重要

宾夕法尼亚大学的安杰拉·李·达沃斯是现今心理学界最受瞩目的教授之一，使她一跃成名的是她提出的论述："成功人生的必要能力是非智力测验可以测量的'坚毅'（有很强的动力，朝着长期目标努力不懈，坚持到底的能力）。"诸多研究显示，**比起学习能力或智商，朝着长期目标努力不懈的能力，才是左右人生成功与否的关键。**

环视周围的成功人士，他们在决定了自己想做的事之后，在达成目标之前是绝对不会轻易放弃的。

这个**"坚持到最后，永不放弃"的精神，可以说是一流与二流工作能力的分水岭。**我曾经待过的中国香港与新加坡的金融世界也是如此，当公司即将倒闭时，有人马上就举白旗放弃，转向战败善后模式；也有人觉得"这是显露真本事的机会"，并撸起袖子，做好准备迎接挑战。

一流的领袖对于周遭的变动丝毫不为所动，因为"这种程度的困境是意料之内的"，他们对任何事情都能沉着应对。

绝对不是说即使败战也要战斗到最后一刻，当情况不对劲时，也可能选择撤退。但是，当周遭变得悲观、内心挫败，觉得“已经不行了”的时候，他们也能提高士气，鼓舞大家积极向前，在精神上毫无任何动摇。**也就是说“这个人努力不懈，不放弃地拼命到最后一刻”，因此“达成目标能力”的可信赖度很高。**

然而，精神层面脆弱、只会“死读书”的精英则无法办到。在新加坡工作期间，我曾经跟某高等学府以优异成绩毕业、GMAT 满分，并且是前 MBB（麦肯锡、波士顿、贝恩，三家咨询巨头公司）首席顾问的同事一起工作过。也许是因为人生太过一帆风顺，他缺乏胆识，当情势有所变动时，气势就会变弱，犹疑不定，毫无交涉能力，实在让我吃惊。

那么，想要培养坚毅品格，幼年时期的家庭教育该怎么做呢？在本次的问卷调查中，提及最多的项目如下：

提高孩子的动力

1. 提高孩子动力的秘诀就在于“让孩子自己挑战”
2. 成为孩子的啦啦队

3. 向孩子表达对他的期待

让孩子认真地坚持到最后

4. 确定孩子“认真”的程度再投资

5. 如果孩子不认真，也要斥责他

6. 不要让孩子轻言放弃

7. 让孩子学习“克服失败的能力”

首先，第一点“让孩子自己挑战”，与第一章的“自主性”有关，可以说是刺激动力时最不可或缺的要点。成功的伟大领袖是怎么开始自己的事业的？针对这样的问题，比起因为受到谁的邀请而开始，反而**自己经常是行动的起始点，这样自主行动的人压倒性的多**。

史蒂夫·乔布斯、马克·扎克伯格与孙正义等人不会说：“我其实是受到高中朋友的邀请而开始的……”他们不会因为这种被动的动机而创业。大部分成功者的共同之处在于，以内心涌现的热情为基础主动挑战，才足以坚强到“不管遇到什么困难都能克服”。

另外，要求孩子对于自己主动做的事必须认真努力，是极为重要的。孩子自己决定要做的事情，在达成目标之前不能让他轻易放弃。**本章节列举了非常多让孩子贯彻始终永不放弃、坚持到最后的家庭教育实例。**

本章最后想强调，在谈论“坚毅”时，最重要的是“即使失败也不放弃，重新站起来的能力”。失败乃是挑战的常事。而畏惧失败的人，甚至连挑战都不敢尝试，最终只会停止成长。

相对于此，即使失败也不气馁，思考为何失败，能从失败中学习的人，会将失败当成养分，不断成长。

这些“坚持到最后不放弃的能力”，由坚毅划分出来的差距，会比智商、考试分数或学历要明显很多。

那么，我们就跟着南瓜夫人，一同通过丰富的实例来学习与“成功人生”最有关系的“坚毅”品格养成法。

1 提高孩子动力的秘诀就在于“让孩子自己挑战”

挑战让孩子大幅成长

问卷调查结果

✶ 创造让孩子自己挑战的机会

我父母基本上是放任主义，从来没对我说过要好好学习，总是鼓励我去挑战任何我喜欢或感兴趣的事。这样的教育方法，让我能够主动地、有目的地，不断挑战任何事情。

因为是自己主动挑战的，所以更有动力。不是因为别人，而是自己不服输的性格，让我能够**抱有“绝对不会放弃”“想要达成目标”的强烈想法**。即使失败了，也不会责怪他人，而是自我反省，将失败的经验活用于下一次的挑战，成为坚强的人。

（东京大学工学系研究所 Y 同学）

✶ 只有自己做的决定，才可以持续长久

我们家采取的是“任何事都让孩子挑战”的教育方法。具体来说，芭蕾、钢琴、书法、声乐、爵士乐、日本舞蹈等才艺，只要我喜欢，父母都会让我去学，**因为是自己有兴趣而开始学的东西，所以每一项都持续很久。**

（庆应义塾大学环境信息学系 K 同学）

因为“自己是起点”，所以能够努力

乱枪打鸟，一枪不中

提高动力最有效的方法是，让孩子自己决定想要挑战的事，然后让他“说到做到”。这与第一章谈及的“为了培养自主性，要让孩子自己设定目标”的概念相通，但主动设定目标不只跟自主性有关，也会大大地影响孩子“坚持到最后”的能力。

父母要求孩子去学的才艺，因人而异。有的孩子无法集中注意力，也无法持续长久地学习。如前所述，我们家完全不理会孩子的兴趣或期望，都是我单方面强迫孩子接受安排，每周上四五种才艺课，五花八门的，一点儿忠诚度都没有。

结果，不但没有养成孩子挑战的精神，反而让孩子产生了“被强迫”的感觉。无论做什么事都很消极被动，就连学习也觉得是为了父母不得不做的事，孩子们向我坦白这样的想法时，着实让我大吃一惊。

特别是最没有毅力、注意力涣散的长子，因为我的过度保护，他上初中后，**总是缺乏自主性与上进心**。

直到他自己开始挑战撰写书籍后，才打开了过度保护的枷锁。现在他是四个孩子中阅读量最多的，也热心地在各种平台分享自己的经验与学习到的知识。

他自己确定好目标，朝着那个目标努力时的专注力，我只在旁边看着都会觉得很累。但那个时候，我绝对不会去打扰他。

另外，小儿子升上初中，从我的过度保护、过度干涉中解放之后，马上就成为了自己人生的主角。前文也有提到过，他加入了柔道社，并很快拿到黑带，而且在好几个比赛中取得胜利。同时，他窝在房间里学习的时间也增多了。这是我后来才知道的，原来他那时就已经下定决心高中要到海外留学，所以瞒着我们苦读。开始独自学习英文，直到取得托福考试的目标分数后，他才向我说出了他的决心，如愿以偿地实现了留学梦。

综上所述，我觉得，儿子们就算再怎样爱玩，亲子之间也应该一起商量设定目标。这也让我进行了深刻地反省，如果小时候让孩子们自己选择，再朝着目标努力，他们会不会变得更爱学习，或许也会早早地成长了吧。

通过回顾众多问卷调查的回答，与我自己育儿经验的反省，我确信，**要提高孩子“坚持努力到最后一刻”的动力，就要依照孩子的意思让他自己挑战**。

不经思考地让孩子体验各种事物，是不会持久的。就如同乱枪打鸟一样，无论你打多少发子弹，也不会命中目标。

2 成为孩子的啦啦队
支持孩子的挑战

问卷调查结果

★ **支持孩子挑战各种事物**

我父母的教育方法是“一直支持孩子去挑战各种事物”。比如，支持我参加全国小学的足球大赛或高中的交换留学等。**在我自己主动挑战各种事物时，父母不只提供资金上的支持，精神层面上也一直支持我**。因此，让我有了在小学足球比赛中取得冠军等日常生活中不会有的经验，这对于我价值观的形成非常有帮助。

（东京大学研究所 W 同学）

★ **尽全力为孩子提供可以挑战的地方**

我认为，**父母尽全力为孩子提供“可以挑战的地方”，使我现在拥有了强烈的上进心**。只要是我感兴趣的事，或者是在思考未来出路时应该具备的事，父母都在一旁协助我实现。

（大坂大学工学系研究所 I 同学）

✶ 父母阻止我留学，成为我心中的遗憾

我的父母性格保守，因此时常会阻止我的行动。高中时，我想去国外留学一年，但遭到父母强烈反对，结果作罢。**我总是觉得，如果当时去留学了，我的人生应该会不一样吧。**

孩子蕴含着各种可能性，父母不要限制孩子的选项，应该支持孩子朝着梦想努力，因为那可能会成为改变孩子人生的契机。

（东京外国语大学 Y 同学）

父母的支持是孩子动力的源泉

父母见识浅薄会阻碍孩子的成长

培养孩子“坚持到最后的能力”，光靠孩子的意志力是不够的，父母的支持不可或缺。在问卷调查中可以看到，很多父母会阻止孩子挑战除了考试和学习之外的事。

我认为**父母应该要认识到，自己的见识浅薄有可能会阻止孩子的挑战与成长。**

如前面提到的，我家小儿子在高中二年级时，突然说想去美国的高中留学。当时的我非常忙碌，几乎没有时间照料孩子们的精神层面，因此对我而言，这简直就是晴天霹雳。

小儿子读的是初高中一体的学校，因此我没有做好心理准备，强烈反对他出国留学。但是他苦学英语，也已经考了必要的考试，办好了留学申请手续，一点儿也不让步，最后我只能举白旗投降了。

在京都车站看着儿子乘坐的“HARUKA”号消失的瞬间，我放声大哭，回到家里对着其他三个孩子乱发脾气:“都是你们欺负他，所以他才会这么早离开家里。”那时，只要稍微看一下小儿子的房间、去超市买菜，甚至工作时都会突然泪流满面，这样的状态让家人非常困扰。

我梦想着，小儿子高中或大学毕业之后回到家，我就能做个过去一直未能做到的温柔母亲。但小儿子读完大学、研究生之后直接在美国就业，再也没有回到老家和我们一起生活过。

那是网络与手机都还没有普及的年代。想要联络只能打电话到房东家简明扼要地说，或者手写信件，非常缓慢且不方便。

我原本以为小儿子总是没有毅力将一件事情做到最后，但我发现，**孩子对于自己决定的留学挑战，能够有责任地、果敢地努力到最后，并完成挑战**。后来小儿子说，是他自己想出国留学的，所以他非常努力地学习。现在回想起来，那个时候的我，只以“妈妈没有做好心理准备”为理由坚决反对他出国，实在让人汗颜。

我们家虽然最初反对孩子的留学挑战，但在确定了之后，便转为全力支持，孩子也有责任感地努力到最后。这让我深切体会到，**即便最初否定孩子的挑战，但最后不仅相信孩子，还转而支持孩子，也同样能够提高孩子的动力**。

在此想告诉无法理解孩子想挑战事物的父母，如果无法支持孩子超越父母，并持续向各种事物挑战，会耽误孩子的人生，造成无法挽回的后果。

3 向孩子表达对他的期待 但别忘了，不要成为孩子的重担

问卷调查结果

✶ 因想要回报他人对自己的期待而努力

父母向孩子表达对他的期待，这样的教育方法培养出了现在的我。因为，**为了不让父母失望，我一直在努力。**

小时候奶奶代替忙于工作的父母养育我，因为想要回报奶奶对我的期待，同时也想被夸奖，每次考试时我都会仔细检查有没有错误。另外，在上课时，当老师因提问却没有人回答而感到困扰时，我会举手回答。

我会考虑对方的感受，了解对方想要什么，然后采取合适的行动，因此家人、老师、朋友对我非常信赖。我也会因为想要回报他们而非常努力。

但是，我希望周围的人可以适当降低对我的期待，因为**害怕辜负期待的恐惧深植我的内心**。我会觉得，如果我辜负了期待，就会被抛弃。期待成为了我的动力，但另外，也让我失去

了自由的时间。

（东京大学法律系 T 同学）

让孩子有梦，对孩子有所期待是父母的工作

“好期待”会让孩子努力，“坏期待”则会成为孩子的负担

父母对孩子有所期待，是自然地表达爱的表现，孩子也会因为想要回应期待而变得努力。

诺贝尔奖得主山中伸弥教授，当时也是噙着眼泪在记者会上表示，能够向 80 多岁高龄的母亲报告得奖消息真是太好了。经常听到失去父母的人说：“最为我开心的人已经不在了，今后不知道要以什么为目标努力。”

对于孩子的名誉或成功，没有父母不会因此感到开心，反而是没有充满“期待”的亲子关系比较令人担心。

该如何看待上述让那位学生感受到恐惧的期待呢？归根结底，应该是期待程度与表达的方法出了问题。

在问卷调查当中，有**好几位学生对于无论自己拿到多好的成绩，也不会表露出喜悦的父母表达了明显的不满**。这些学生对父母表达抗议，如果在取得好成绩时，父母能够稍微夸奖一下，或者是表现出开心，他们也会更开心、觉得努力有价值。这些父母大抵是不擅于表达情感，或者是不知道该如何夸奖孩子吧。

在这方面，我先生则表现出了不同，他在孩子出生的瞬间就觉得**“这孩子长大之后至少是博士，或者是总统吧”**。这样过度的期待，让我很害怕，如果孩子没有达到他的期待那该多么失望呀。

我总是跟先生说：“比起让过度的期待压垮孩子，普普通通地、健健康康地长大才是最好的。”有时候这样的说法会被他严厉斥责。当然，对孩子不抱有梦想或不寄予任何期待，只把孩子喂饱，谁都可以做到。在这里，我只是针对期待的“程度”提出疑问。

反之，我也知道有好几位父母完全不考虑孩子的性格，把“这孩子只能当医生或律师”的想法强加在孩子身上，结果孩子入学考试一再失败。

为了回应父母的期待，孩子挑战时的心情是真诚的，可是**一旦未能获得成果，这时很多亲子关系就会出现裂痕**。

孩子很可能会将未能获得成果的原因归咎于父母身上，或者是觉得辜负了父母对自己的期待，从此一蹶不起，更甚者还会演变成惨烈的悲剧。

父母因为传统的价值观或爱面子，而忽视孩子特质的期待，对孩子而言只会是负担。

但是，配合孩子的性格，**让孩子感受到父母的爱，给予适度的期待，则会成为孩子强大的动力来源**。所以，请不要吝啬，大方对孩子表达期待与夸奖吧。

4 确定孩子“认真”的程度再投资

砸下大笔教育费，不是没用就是浪费

问卷调查结果

★ **确定孩子认真的程度**

我父亲总是支持我挑战各种事物，为了不扼杀我在某个领域的才能和可能性，父亲尽一切努力搜集资料、投注资金，毫无保留地养育我长大。

然而，**这并不是无计划性的、无限制的“烧钱”**。我是真的想做这件事情吗？是否有持续努力的意愿？父亲会充分地跟我讨论，确认之后才决定是否投资。

（东京大学教育学系I同学）

✶ 如果抱着玩票的心态，父母不会让孩子学才艺

父母在年轻时学过钢琴，因此非常热心地给我安排小提琴课。有一段时间，我想要上的那位老师的课，单程需要2小时，一次教学费用需要5万日元（约人民币2500元）。父母半开玩笑地跟我说："这个才艺需要我们花很多时间接送你，而且学费很贵。所以，你无论如何都想要跟那位老师学吗？"**以确认我认真的程度。**

那时的我还没有学费贵的概念，但我知道不可以马虎，而且还必须更加精进努力。我非常感谢我的父母，让我可以跟着那位老师学习了一年的小提琴。

（庆应义塾大学S同学）

没有强烈的决心，花再多的钱也是浪费

那项才艺课真的“有意义”吗？

“只要是为了孩子”，不计较教育费用多寡的父母很多，但挥金如土般地花费大笔费用，往往不是浪费就是会造成反效果。

只要是学习可能都需要一些参考书，但孩子说需要什么就把钱给他，并不是高明的做法。很多时候父母必须要确认：给孩子的钱有按照目的使用吗？**孩子努力的程度有对应到投资的金额吗？**即便你认为“我家孩子可以信任”，但奈何这世界上处处充满了巧妙的诱惑，大部分的孩子还尚未拥有可以自行判断金钱使用方式的能力。

如第二章所述，支持孩子从简单的兴趣开始去拓宽视野很重要，但也要充分考虑家庭的收入情况，深入培养兴趣时，**掌握孩子认真的程度，再给予支持更重要。**

这是一位朋友的故事，她三个孩子中只有一人说想要学小提琴。朋友说，那时她向小提琴老师拜托道：“这孩子就交给老师半年，在这段时间请老师帮忙确认她是否拥有学小提琴的

资质，是否竭尽全力就好。”

有很多父母经常因为小时候没办法学想要学的才艺，或者是为了周围的孩子都在学等理由，送孩子上才艺课。

另外，这位朋友向孩子和先生表达，如果不好好努力学，只是为了上课而上课，那她就不会再支付这笔才艺费。这可能**让她的女儿产生了“马马虎虎练习可能会被迫停止”的危机意识**。后来，她的女儿考入了艺术大学，持续精进小提琴。

这个例子是向孩子表示，**“就算有钱，也不能花在孩子没有‘强烈决心’的地方。”**

在问卷调查中也有好几位学生回答，为了增加孩子的才能，父母在确认孩子的认真程度之后才投资的态度，会直接影响孩子之后的努力与认真的程度。

“只要是为了学习”“只要是对孩子的未来有好处”而无条件地投资孩子，并非父母的责任义务。在此想强调，在孩子没有意愿的地方挥金如土般地投资，也只是把钱丢进池子里罢了。

5 如果孩子不认真，也要斥责他
让孩子养成尽力的习惯

问卷调查结果

✶ 怠惰时会被父母严厉斥责

我的父母并没有特别关心我的教育。但是，**在我不认真时会严厉斥责我**。例如，我某天偷懒没有去社团活动，就会被狠狠地骂一顿。

想精通运动或学习，所需的能力都相同，即“专注力”“逻辑能力”“重复能力”“时间管理能力”等。

我认为要养成这些能力，无论做什么事都必须认真对待。因此，很感谢父母在我初中毕业前，就让我做自己想做的事，当我怠惰时就严厉地斥责我。

（庆应义塾大学经济学系N同学）

✶ 希望父母当时可以多骂骂我

我希望父母可以改善“不强迫孩子努力”这一点。现在回想起来，如果孩子经常逃课，**父母就应该严厉地斥责才对。**“让孩子置身于充满优秀伙伴的环境，促使他主动学习。不强迫孩子，但如果过度怠慢，也应该提醒他”是很重要的。

（东京大学新领域创新科学研究所 K 同学）

孩子不只是期望父母“温柔”
有的东西是“父母不骂就学不会”

虽然我之前说，父母不应该阻止孩子去挑战，而是要全力支持，但另外，孩子如果偷懒，就必须严厉地斥责。关于**支持孩子去挑战这件事，父母既有“发言权”，也有“守护的义务”**。

在问卷调查中有很多学生表示：“家庭教育虽然自由放任，但在孩子偷懒时希望可以多骂骂他们。”这样的不满让我有所感触。

因为我总是斥责孩子，我的责骂对孩子而言就像是听习惯了的背景音乐，因此在真正需要严厉斥责的时候，并没有什么效果。

必须要求孩子要有“拼命、认真挑战的态度”。会学习的孩子，通常也很热心于社团活动或课外活动。虽然不知道是因为对任何事都很认真努力，所以不论做什么都很优秀，还是因为很优秀所以做什么事都很认真呢，总而言之，关键就在于“认真”的程度。

从问卷调查中可以看到，有好几位学生的父母对于孩子参加社团活动等，都表示出了**“当孩子拼命努力时就会全力支持，但当孩子偷懒时就会严厉斥责”**的态度。这样的教育方式对于培养孩子“认真”的态度应该有所帮助。

在社团活动偷懒的习惯很容易被忽略，但可能会对孩子今后的人生有负面的影响。年幼时是养成“偷懒一下也没关系”“不比别人优秀是理所当然的”这样的失败论习惯，还是养成“一点点也好，抱有想要更进一步的上进心，持续努力”的习惯，会直接左右孩子的人生。

据我所知，大部分“做任何事都认真努力”的人，长大之后无论是工作、生活还是兴趣都能持续发挥才能，生活有余裕且丰富多彩，过着令人羡慕的人生。

学生时期累积的在社团活动拼命努力的经验，是非常重要的。不但可以养成上进心与专注力，也能够遇见良友和竞争伙伴。而最重要的是，可以帮助孩子形成主动且积极地迎接人生任何挑战的态度与习惯。

从本次的问卷调查中可以看到，有人表示，**当怠惰开始出现时，就会被父母严厉斥责，如此才有现在的自己，所以对父母表达了感谢之意**；也有人不满地表示，即使自己怠惰也没被骂，这是父母的怠慢。

孩子对父母的期望不只是温柔。当孩子专注力不够，抑或是对自己决定好、应该要做好的事偷懒时，父母就用爱好好斥责孩子吧。

6 不要让孩子轻言放弃
不要养成半途而废的习惯

问卷调查结果

✶ 半途而废会养成坏习惯

上小学时我喜欢上了游泳，所以拜托父母让我去上游泳学校。学校里的课程分成24到1的等级，通过每个月的测验就可以往上晋升一个等级。我努力地达到了2级，但是1级却迟迟无法合格，这使我逐渐变得讨厌去游泳学校了，便向父母表达了想要退出游泳学校的想法。

那个时候父母对我说：**"凡事都半途而废会养成习惯，会变成随意找个妥协点，每件事情都半途而废的人。"**不允许我退校。

本来就不服输的我，每到假日就去反复练习不擅长的仰泳，终于在第三次考试时1级合格了，顺利地从游泳学校毕业。**当时没有退校，最后努力通过考试真的是太好了**，收到合格通知书那一瞬间的成就感与舒畅感，到现在我都还清晰地记得。

（青山学院大学经济学系 M 同学）

✶ 一旦开始，就要努力到最后

我从五岁开始学钢琴。刚开始是团体课程，结束之后，母亲根据我的进度另外找了老师让我继续学习。当某位老师无法继续指导时，母亲就会搜集各种资料、拜托他人寻找门路，**帮我找另一位老师**。多亏了母亲如此支持我的态度，让我养成了在一件事情上坚持到最后的习惯。

（大坂大学 K 同学）

坚持就是胜利
有志者事竟成

让孩子养成“不半途而废的习惯”，对于培养“坚持到最后的能力”与“尚未开发的才能”有绝对的重要性。从本次问卷调查也可以看出，**对于“不让我半途放弃的父母”，表示感谢的学生格外多。**

俗话说“有志者事竟成”“坚持就是胜利”。我的友人樱是位速记高手。速记是利用类似阿拉伯文字等符号，如同声传译般将他人的发言记录下来，是一项相当高难度的技能。

她在高一时就已经考取了初级速录师，在速记比赛时也总是能取得优异的成绩。现在我们说到速记就会想到樱，说到樱就能想到是速记很厉害的人，速记宛如是她的代名词。

她之所以会学速记，其实是她父亲劝她学的，当时她没有多想便开始学习。但之后发现很难，对速记总是无法产生兴趣。好几次她都跟父母说想要放弃，但父母总是回答：“有志者事竟成。如果学满了三年，到时不学也可以，至少把基础学好了再放弃。”**父母的态度坚决，几乎没有通融的余地，**这让她觉得，如果一意孤行停止学习速记，那之后父母应该不会再听取她的任何愿望了。

她成长于富裕的家庭，要学习其他才艺应该也不是什么难事，但她唯一学习过的才艺只有速记。应该是她后来改变了想法，觉得早点学好基础，就可以不用再去上速记课了吧。

但就在她学好了基础时，突然发现了速记的有趣之处，她不断地练习，不断地进步。我曾经看过她高超的速记技巧，她使用符号飞快地记下我们的对话，然后将符号转换成日文，这过程宛如艺术。虽然可能称不上超级华丽的特技，但如同第一章提及的，**“有一技之长的人便拥有自信”**，让她成为耀眼的存在。

用“至少把基础学好”来说服孩子，不接受孩子说泄气话的父母，他们坚决的意志与态度，让她拥有了相信“只要努力就可以做好”的自信与魅力，即便她的成绩并非特别优秀，也不影响她的学习。

可以看到很多孩子虽然学了很多才艺，但因为可以随意停止，因此才艺课一个接一个地上，**却没有一个有成果，最后都半途而废。**

如果只是对孩子说“中途放弃会养成习惯，所以你要继续学”是没有说服力的。要让想放弃的孩子了解“有志者事竟成”的道理，父母本身必须要有坚强的意志力。

就像樱的父亲所说:“至少要把基础学好。”**想要放弃，就必须先达成些什么，**让孩子决定目标会是个好方法。

当然，对于那些不适合孩子的才艺，确实应该尽快放弃，才能集中资源和时间去学习符合孩子性格的才艺，这无法一概而论。

即便如此，以“不让孩子轻易放弃”的坚定教育方针为原则，用有说服力的话语激励孩子，让孩子坚持下去是很重要的。在幼年时期养成贯彻始终的习惯，会成为一辈子都适用、无论什么事都可以坚持到最后的基石。

7 让孩子学习“克服失败的能力”

养成从失败中汲取教训的习惯

问卷调查结果

★ 即便失败，也不会情绪化地斥责孩子

父母针对我的失败，绝对不会大声辱骂或动手打人。如果我做错了父母教过的事情，或者是跟朋友打架了，父母的口头禅是“下次多注意就好”。

我的父母绝对不会打骂孩子，当我有疏忽或是失言时他们也会提醒我，因此在学校遇到讨厌的事我也都会跟他们说。即使失败也不会斥责孩子，并且总是给予适当建议的父母，让我感受到他们对我无条件的爱，我十分感谢父母。

（东京大学研究所 J 同学）

★ 不会对孩子的失败感到愤怒，
协助孩子自己思考原因、克服困难

父母不会因为我的失败而生气，反而会与我一起分析失败的原因。因此我养成了即使失败也不会情绪低落，反而是思考失败原因和如何处理问题的习惯。

我在小学时玩过迷你篮球，在比赛时反复失误，无法有较好的表现，回到家里跟父母说了之后，他们不会斥责我，反而是用**我可以理解的方式引导我思考，为什么会发生失误、该怎么做才能减少失误**。如果觉得需要练习，就让我在房间对着墙壁练习对打。当我跟他们说我想练习篮下动作时，父母就帮我准备了篮球筐。

（东京大学经济学系I同学）

不要斥责孩子的失败，要让孩子思考失败的原因
一旦斥责孩子的失败，孩子就会变得畏缩并学会说谎

父母对孩子的失败大发雷霆，会让孩子畏缩，无法从失败中学习。在问卷调查中，可以看到好几位学生向父母表达感谢之意。他们的父母，**即使孩子失败了，也不会情绪化地斥责，而是将重点放在该如何从失败中学习。**

当思考“克服失败”时，我一定会想到友人鬼怒川，他对家人非常严厉，是个易怒的人。他发脾气的方式非常激烈且蛮横，普通家庭一句“以后多注意”就可以解决的小失误或小过错，换作鬼怒川就会大发雷霆。

鬼怒川蛮横斥责的程度，让人不禁怀疑他是不是憎恨他的家人。后来，只要发生坏事，在问题解决之前，大家都会费尽心思地不让他知道，这成为他们家的惯例。他这种激烈且蛮横的责骂方式让全家人都变得畏缩，且经常说谎。

像鬼怒川那样的责骂方式，只会养育出忙于掩盖过错的孩子。如果父母在孩子失败时首先不是斥责，而是着眼于失败本

身，然后提供克服失败的意见，孩子就能够学习到不畏惧挑战的精神，**通过失败经验，克服并应对无法随心所欲的情况**。

在长远的人生中存在着持续不断的挑战，自然也会遭遇众多失败。那时是否能努力到最后，是否能面对失败则是关键。

为了让孩子学会“克服失败的能力”，当孩子失败时，父母不可以大发雷霆使之畏缩。不要让孩子失去自信，同时**教导孩子不要隐藏过错、勇于承认失败，以及自己思考失败原因的重要性**。

将失败作为学习，培养孩子克服失败，努力到最后的能力。

Chapter 3 重点

跌倒了也不放弃的人，最后一定会成功

唯有涅槃才能重生

在某个纪录片中，详细介绍过日本首屈一指的心脏外科医生天野笃的故事。天野医生重考了三次才进入了“非一流”的医科大学，毕业之后甚至连医院药房都不肯要他，到处都找不到工作。如果换作是普通人，就会放弃成为名医之前的这般试炼。

皇天不负有心人，天野医生终于找到一家医院愿意聘用他。他以那个医院为起点，通过见习名医的外科手术来学习医术。天野医生曾经也被认为个性嚣张而遭解雇，但一心想成为外科医生的他，持续不断地挑战，磨炼医术。他的座右铭是“一心一意”。

天野医生的父亲患有心脏疾病，他想用自己的双手医治好父亲的病，而这成了他强烈的动机。如果天野医生想成为外科医生的动机没有如此强烈，会重考三次医大吗？如果他的人生一帆风顺，在成为医生后会持续挑战接踵而来的逆境吗？这是值得怀疑的。

对于在逆境中求生存，拥有强烈动机的医生而言，失败是可以克服的，而不是畏惧的对象。他说他不安于现状，今后也以百战百胜为目标，想更加精进地磨炼医术。

有的人天生能力就强，稍微努力一下就可以考进期望的学校、得到想要的工作，但大部分人的能力中等，只有“绝对不放弃，努力到最后”这条路可走。

因此，抱着“强烈的动机”和“自己可以做得到”的自信不断向前，可以说是达成目标的重要基础。

天野医生可以说是本章“坚毅”这一主题的象征人物，从他的例子中最应该学习的是，贯彻初衷，在哪里跌倒就在哪里站起来，坚持到最后的坚忍精神。

那么，让我们来回顾一下培养“坚毅”品格的重点。

✶ 提高孩子的动力

1. 提高孩子动力的秘诀就在于“让孩子自己挑战”

你有让孩子挑选挑战的对象吗？唯有自己主动挑战感兴趣的事物，才能拥有坚持到最后的能力。

2. 成为孩子的啦啦队

你是孩子挑战事物时的最佳啦啦队吗？孩子做任何挑战时，如果没有父母的支持，几乎都无法持续下去。

3. 向孩子表达对他的期待

你是否有向孩子表达父母对他的期待呢？父母过度的期待有可能会变成孩子的负担，但适当的期待则会成为孩子重要的动力来源。

✶ 让孩子认真地坚持到最后

4. 确定孩子“认真”的程度再投资

你是否在孩子挑战时，毫无限制地支持呢？在孩子没有强烈决心的地方挥金如土，反而会造成反效果。

5. 如果孩子不认真，也要斥责他

孩子不认真时，你斥责他了吗？当孩子在自己决定要做的事上偷懒时，请严厉地斥责他。重要的是，要让孩子学习到拼命地、全神贯注地努力到最后的态度。

6. 不要让孩子轻言放弃

当孩子轻易地说出想要放弃时，你答应他了吗？提供培养“不半途而废，贯彻始终”这一习惯的环境，是培养坚毅品格的关键因素。

7. 让孩子学习“克服失败的能力”

你是否有协助孩子克服失败呢？孩子失败了就生气，只会让孩子畏缩，会使孩子想隐藏失败，无法从失败中学习。

4 Chapter

磨炼一流的沟通能力

获得他人依赖的沟通能力

让孩子养成
理解他人的习惯

“顾问所需的沟通能力，不是流畅的表达能力，而是能够切实地掌握客户需求的倾听能力。”

这是我在外商策略顾问的工作岗位时，社长向全体年轻员工分享从事顾问这行的心得过程中，一段让我受益良多的话。

应该有很多人对顾问的印象是说话有条理、口若悬河，总之是很擅长说话的人。**但实际上，不仅限于顾问类，各种商务工作的基本，都是了解客户到底想要什么。**

讲这些虽然有点班门弄斧，但对于沟通来说，最重要的地方是考量对方的观点、立场与置身的环境，知道对方对什么感到不满、希望我了解什么，一边想象对方的心情，一边了解对方的需求。

沟通能力是由表达能力、书写能力、倾听能力与愤怒能力等要素构成，然而其中**最重要且等级最高的是“倾听并理解对方的能力”**。

例如，请试着想象一下夫妻每天争吵的情况。彼此没有半点意愿去了解对方生气、不满的原因，只会滔滔不绝地说着自己的主张，一味地想把对方说服。然而，这样可以解决什么呢？什么都无法解决，只会加深彼此的不信任、愤怒与憎恨，从而加速离婚罢了。

商务也是一样。业务员如果不试图去了解客户想要的东西和困扰，而是滔滔不绝地介绍自己想要贩卖的产品特性，对方绝对不会有共鸣，有的只是烦躁而已。**结果就如同在北极贩卖冰箱的道理一样，在没有意义的业务活动上浪费时间。**

这是很常见的道理，不要当一个只会把东西硬塞给客户的销售员，如果没有掌握对方的需求，就无法提供正确的解决方案。

当然，表达也是重要的沟通能力之一。但是，在开始说之前，如果没有先了解对方的需求与困扰、关心程度的高低、观点与价值观，**再有逻辑地介绍产品，也只是浪费了表达能力。**

无论是吵架的夫妻还是销售员、业务员，所需的沟通能力基本都是一样的。

重要的是，跳脱出自己的观点与论点，站在对方的观点与立场、了解对方的情感与价值观，用不同的思考方式、不同的事实认知去理解对方的想法，使双方意见达成一致，才是真正一流的沟通能力。

回顾我在全球化各种企业的工作经历，那些令人尊敬的领袖，**都拥有一流的沟通能力**。而本章将讨论构成一流的沟通能力的要素，思考发挥孩子沟通能力的育儿方法。

问卷调查中关于沟通能力的意见分类如下。

让孩子习惯沟通

1. 让孩子参加社交场合
2. 养成写作的习惯
3. 让孩子从小就学习外语
4. 成为孩子无话不谈的对象

让孩子理解不同的观点、价值观和情感

5. 积极地跟孩子讨论各种话题

6. 不要将父母的价值观强加在孩子身上

7. 不要情绪化，把理由说清楚再斥责孩子

让孩子养成相互理解的习惯

8. 教导孩子感谢的重要性

9. 养成换位思考的习惯

10. 通过动物培养孩子关爱的心

使意见达成一致的沟通能力，最重要的地方在于，即便被反驳也能够冷静地并且有建设性地议论。

一般人碰到跟自己有不同意见的人时，只会情绪化地贬低对方。

相较之下，**一流的领袖不会把自己的观点和价值观强加到他人身上，他们心胸宽广、能够接受对方的意见。**正因为如此，才能够整合不同的意见最终达成一致。

沟通能力中最重要的是“从对方的角度思考”，也就是当我们的观点、思考模式、价值观以及看到的整体图像与对方不

同时，是否能够站在对方的角度去思考。**换句话说，也就是理解对方的心情与观点的能力。**

英文有句俗语：Put your foot in his/her shoes. 即站在对方的立场思考问题。先不论是否同意，**是否能够以对方的观点与价值观去思考，**是最重要的基本沟通能力。

以上说明了理解对方的重要性，但只有这些还称不上是值得信赖的沟通。沟通并非只要有逻辑与信息就够了，人是充满情感的生物，因此养成与他人相互理解的习惯是必要的。

其中我特别想强调“感谢的习惯”。

人的根本欲望中，没有什么比“想被认可”的欲望还要强烈的。虽然有人确实是不求回报地奉献，但大部分人当有付出时，就会希望对方感谢自己。只因为一句感谢，就会觉得自己有助于人，感受到被人需要。相反，未能感受到对方感谢之意时，就会觉得失望或者不满。

如果对小事情都能抱持感谢之意，就能相对地受到他人的信赖，也能建立良好的人际关系。**感谢之情的强烈程度，跟出人头地有相当高的正向联系，对任何事情都抱有感谢之情，就能得到来自四面八方的帮助。**

对社会中的弱势者抱有怜悯之情，能够理解弱势者内心的悲痛，是获得社会广泛信赖的基本沟通能力。

另外，还有好几个高难度沟通能力的要素，例如，有效率的逻辑式文章写作、可以有效改变对方行动的“有技巧的生气方式”等，这些内容将留在本章中详细讨论。

接下来，就跟着南瓜夫人一起探讨磨炼一流沟通能力的家庭教育。

Ⅰ　让孩子习惯沟通

1　让孩子参加社交场合
“熟悉场面”使孩子擅长社交

问卷调查结果

★ **让孩子体会到建立良好人际关系的乐趣**

我的父母经常邀请客人来家里，而且跟邻居往来密切，因此，我自然而然地体会到，建立良好人际关系的乐趣与重要性。多亏了有这样的经验，当我进入幼儿园、小学，交际圈逐渐向外扩展时，也能很快地适应环境。即使我进入学校以外的环境时，也有自信能够站在他人的立场来思考。

（大坂大学工学研究所I同学）

★ **没有机会跟父母以外的人接触，对自己怕生的性格很困扰**

我认为“**从小就给予孩子跟很多人接触的机会**”是让孩子

学习沟通与社交能力的重点。可能跟父母都在工作有关系，小时候我没有什么机会跟外人接触就直接进入小学、初中，因此最初非常怕生，这让我非常困扰。

有些朋友很幸运，从小就能跟家人以外的人接触，因此不怕生，他们似乎知道如何自然地跟大人来往，行为举止也恰到好处。

（早稻田大学 T 同学）

✶ 希望父母能制造机会让孩子跟陌生的人接触

因为我很少有机会跟陌生人交流，不知道该如何沟通，所以进入初中、高中后，便积极地与人接触来往，并通过阅读学习沟通技巧。

很希望我的父母当时能**积极地带我去参加能够跟他人交流的活动。**

（东京大学 T 同学）

小时候的沟通经验，会影响孩子的一生

大人的场合也让孩子一起出席

问卷调查中有很多学生都提到，幼年时期跟大人接触的种种经验给自己带来了正面影响，回顾我自己的经验，也是如此，这使我确信**让孩子多跟大人接触，能大幅提升沟通能力**。

因为从小就让孩子“熟悉场面”，所以孩子不会抗拒跟他人接触，与初次见面的人沟通也不会胆怯。

我们家是大家族，而且亲戚的朋友也经常来家里做客。亲戚之间向心力强，经常聚餐维系感情，可以说，我们家有让孩子跟大人接触无可挑剔的环境。而且，亲戚也很喜欢跟小朋友聊天，因此孩子们从小就有很多机会跟不同的人对话。

可能是幼时的经验起了作用，我家的孩子上幼儿园时已经是沟通能力老到的社交高手了。他们总是游戏的核心人物，在幼儿园的才艺发表会等场合的表现也相当积极活跃。在学校文化活动、即兴演出中活跃气氛的也是我家孩子。

不会怕生或胆怯，是培养与初次见面的人顺利沟通这一能

力的大前提。就这点而言，我的孩子们并未费太多工夫。

之后通过学习各种才艺，与许多老师和朋友相处的经历，更加磨炼了他们的沟通能力。其中，特别是管弦乐团与篮球等社团活动，对于学习团队合作和培养领导能力相当有效果。

然而，以核心家庭为主的现代社会，父母该如何让孩子“熟悉场面”呢？虽然我们家本来就具备培养沟通能力的良好环境，但我也没有因此而怠惰，仍然努力制造各种机会让孩子们多跟他人接触。

例如，在幼儿园时，我让孩子加入儿童社团。因为我希望**孩子通过参加露营或旅行，体验跟朋友一起在外住宿的生活**。当时还在上幼儿园的小儿子没出发之前还有点胆怯，但回到家之后明显地成长了很多。

孩子的生日派对一定要邀请十来位同学，甚至把全班同学都邀请到家里来。于是，对方的生日派对也会邀请我家孩子，这便成为孩子跟许多朋友深入交往的契机。

儿子们虽然经常吵架，但吵架与争执也是了解人际关系规则的大好机会。这时可以教导孩子“即便没有恶意，也不可以强迫别人做他觉得讨厌的事”，然而，如果没有跟许多人交流，根本不会有这样的学习机会。

关于“熟悉场面”，在此介绍一个朋友的例子，**当他邀请他或他太太的朋友来家里做客时，他总会让三个孩子一起用餐。**

这个做法是依循“希望把孩子教育成不怕生的人”“偶尔想让孩子听听大人之间的谈话”的想法而生。他在孩子们还很小的时候就开始这么做，即便最小的孩子现在已经是大学生了，也还是如此。

当他受邀到他人家里作客时，会征求对方的同意，尽可能带孩子一起出席。这位朋友来过我家好几次，可能是“熟悉场面”所带来的效果，他的三个儿子都非常善于倾听。但这并不是他们觉得无聊、只能乖乖地坐着不打扰大人，讲到有趣的话题时他们会一起笑，有想问的事就自然地开口询问。饭后是大人们的时间，但孩子们会依据话题，自己提出“可以再让我一起聊一下吗？”等要求，十分友善，让人感受到他们的家庭教育非常成功。

我经常碰到这样的年轻人，当遇到父母以外的人时，连打招呼都不会。当然也有例外，**但孩子会变得如此孤僻，责任往往都在父母身上。**从幼年时期就让孩子有跟不同的人接触的经验，能够让孩子习惯跟他人交流。

2 养成写作的习惯
让孩子爱上写作的秘诀

问卷调查结果

★ 父母让我写了很多信

我的母亲非常喜欢写作，因此，在我小时候就经常要我写贺年卡或写信给朋友和亲戚。多亏如此，过新年时，我会收到很多贺年卡。

另外，**受到喜爱写作的父母影响，我也经常写信。**可能也因为如此，我变得很擅长写作，无论是论文或报告都非常在行。我很感谢母亲让我养成写作习惯。

（庆应义塾大学综合政策学系 K 同学）

写作可以锻炼沟通能力
让孩子喜欢上写信的小妙招

提升孩子沟通能力的重点之一，是让孩子养成写作的习惯。**引导孩子写日记、阅读心得或信件等，特别是在训练孩子有条理的表达能力上，效果非常显著。**

实验证明，手写时大脑活动的程度比用键盘打字更活跃。

华盛顿大学心理学家弗吉尼娅·贝尔宁格教授所进行的实验，是将接受实验的人分成手写和键盘打字两个实验组，研究两者之间大脑活动程度的差异等项目。研究发现，接受实验的**手写者的脑神经活动比较活跃，而且比较能产生丰富且巧妙的构思。**

当想要向阅读者传达明确信息而书写文章时，手写并反复推敲字句到最终完成文章，比只会简单修改的键盘打字更能用到大脑。据贝尔宁格教授所说，手写文章的过程可以强化大脑的记忆，而且手写时运用的思考能力与想象力，跟沟通能力有直接关系。

我的朋友从小就很喜欢写东西，后来他们都拥有出众的沟

通能力，这让我更加确信写作跟沟通能力有正向关系。

那么，该如何养成写作的习惯呢？

我家孩子在上小学时，老师教他们从“老师我跟你说”这句话开始写日记。写日常琐碎的事也行，因为**老师一定会回以肯定的评语**，所以孩子们都很喜欢写日记。

写阅读感想也很有效果。我在长女小时候做了一本阅读笔记本给她，**让她填写阅读过的书目、作者与主角的名字**。因为当时她还太小，要求她写阅读感想会造成太大的负担，所以我随她自由书写。

就像是很开心地填写幼儿园的出勤表一样，阅读笔记本里的书目不断增加，孩子就越高兴。不久之后，长女开始把主角周边的人物写进笔记本里，并且还添加了阅读感想。

为了让孩子享受写信的乐趣，我也会购买有可爱图样的明信片和信笺堆放在长女的书桌上。因此，她拼命地给表姐妹和朋友写信，收到回信时就会非常开心，进而变得越来越喜欢写作。长大之后，她甚至参加了某知名报社举办的有奖论文比赛，而且获得了第一名。再后来那篇论文还出版了。

现在，她成为大学的老师，以撰写文章和说话为业。

那么，该如何做才能提升写作能力呢?

让孩子**简洁地写出脑海中思考的东西或书中的摘要，通过实践有耐心地学习写文章的诀窍**，对孩子的写作能力会有很大的影响。

我认识的人中，有对父子会写交换日记。无论多么忙碌，父亲都会对日记的内容，**甚至是标点符号，温柔且细心地写下感想并指出错误**，在这过程中，孩子写文章的能力也在不断地提升。

我确信，从幼年时期开始培养孩子对写作的喜好，养成书写日记、信件或简洁地摘要书籍内容的习惯，对于提升孩子的沟通能力有着非常重要的作用。

3 让孩子从小就学习外语
很后悔没有从幼儿时期学习英语

问卷调查结果

★ 想在说英语的环境下长大

从全球化的发展趋势来看，幼年时期在说英语的环境下生活会很有益处。因为在日本长大，导致我到现在仍然不擅长用英语对话。我认为，幼年时期在说英语的环境下生活，**不仅能够解决语言学习的问题，也能够以更宽广的角度来思考问题。**

（东京大学工学系研究所 M 同学）

★ 难超越从小就学习英语的人

就我看到的归国子女或从幼儿园就开始学习英语的朋友，**他们的英语能力是那些从初中才开始学习英语的人难以超越的。**即使有点勉强，也希望幼年时期能够在说英语的环境下生活，或者是从幼儿园开始就在亲近英语的环境下成长。

（东京大学经济学研究所金融管理组 N 同学）

母语的重要性不可以当作回避外语学习的借口
不懂英语会使职业发展受到限制

问卷调查中我们听到了**很多学生希望能在幼年时期就开始学习外语**的心声。但实际上，自幼开始学习英语的热潮近年来急速攀升。

最近我家的一位客人，带了他小学一年级的儿子来做客。那位父亲曾经是政府官员，他们父子之间是用英语对话的。

听起来有点不可思议，因为他们家孩子上的是全英语授课的国际学校，**在家里也用英语沟通**。他们夫妻两人都精通英语，深谙英语能力在工作上的优势，因此决定让孩子从小就学习英语。

另外，有一对在中国香港工作的韩国夫妇，也因为有类似的经历，所以把孩子送到国际学校就读。

是否让孩子尽早就开始学习英语，父母想要培养出什么样的孩子，与其家庭教育理念有密切的关系。

询问能自由运用英语活跃于世界舞台的人，**他们绝大多数都希望让自己的孩子尽早接受英语教育**。

赞成尽早学习英语的人主张，在大脑吸收力强的时候，能够学习到标准的发音，使英语就如同母语一样。而主张 10 岁之后再让孩子学习英语的人则认为，稍微晚点学习英语也没关系，应该先将母语细致的情感表达学好。

我个人则认为，以好好学习母语为前提条件，外语教育应该从幼年时期全面开始。我会这样想，是因为我的孩子后来都到欧美留学工作了。**出国比较早的孩子，其英语的发音与运用都比较好，这种明显的差异是不争的事实。**

我周围也有好几位幼儿园小朋友去上欧美老师开设的英语班，他们都能够以接近标准的发音背诵英文诗。从小就学习英语的孩子，升上初中后无须顾及学校英语课的进度，可以自行磨炼英语能力。

当然，过度热心外语教育，而没有把母语学好，使得孩子的思考能力发展迟缓，就是本末倒置了。从幼年开始学习的母语和外语，这两者并非绝对对立，是可以同时进行的。

外语的重要性，不能以不曾在职场上使用英语、父母都不曾说英语等老旧的价值观来判断。会说英语并不代表一定能找到好的工作，**但现在已经演变成不会说英语，连入场券都拿不到，只能吃闭门羹，很多好工作都会因此与你擦肩而过。**

顺带一提，在我们这一代，说到外语就是指英语，但现在能学习的外语，不仅仅只有英语，还有其他各国的语言。再次强调，父母不应该把上一代老旧的语言教育价值观，强加在孩子身上。

4 成为孩子无话不谈的对象
你知道孩子的烦恼与希望吗？

问卷调查结果

✶ 亲子之间的沟通频繁

感谢我父母重视跟家人相处的时间，并且提供亲子沟通的机会。因此，当我有烦恼时能够跟父母商量，他们也会为我提供很多解决问题的方法，让我养成主动解决问题的习惯。

此外，也很感谢他们了解我真正想做的事，让我能够尽情发挥。**能够做到这样，我认为是因为亲子之间的相互沟通，父母可以区分出孩子对这件事情到底是不是认真的。**

（萨斯喀彻温大学 M 同学）

✶ 日常密切的亲子对话，让孩子在选择未来出路时更加顺畅

在日常生活中我经常跟父母对话，因此相互了解。当我想要留学或继续读研究生时，能够很快做出决定。不仅如此，**当**

我有人际关系的烦恼时，商量的对象也是父母。他们作为我人生的前辈，总是用让我感动的方式鼓励我。

（京都大学 T 同学）

在孩子进入青春期开始厌烦父母之前，建立起信赖关系

突然的说教，只会被当成耳旁风

培养孩子沟通能力最重要的，还是**“亲子之间什么都可以说”的信赖关系**。问卷调查中很多学生都提到，感谢父母与自己从小就有充分的沟通。

希望孩子遇到困难或有烦恼时会找父母商量，就必须让孩子觉得父母是什么话都可以说、值得信赖的对象。而**那样的信赖关系，从幼儿时期就多注意，并下工夫建构是最为理想的。**

不只是母亲与孩子之间，父亲与孩子之间的关系也很重要。

孩子与父亲之间的关系不融洽，多数情况都是父亲**在孩子小的时候忙于工作，未能好好地跟孩子相处**。如果小时候是这种情况，当孩子进入青春期之后，父母又不知道该如何跟孩子相处，亲子之间就会产生距离感。

虽说如此，身为父母，当孩子在人生岔路上感到迷茫或犯错时，应该及时提醒或提供意见。但青春期的孩子大多都比较叛逆，就算父母说教也只是枉费唇舌。

即使亲子之间的思考方式与价值观是完全不同的，但如果平时多沟通，某种程度上是可以相互理解的。若非如此，突然把父母的价值观强加在孩子身上，有时候甚至会演变成家庭暴力。

我的家乡有句谚语是“孩子是赤裸的客人”，比喻孩子是纯洁无瑕地来到这个世界上。这句话也是指，孩子的性格、习惯或是亲子关系的好坏，全看养育者是如何教育的。

从幼儿时期开始，**应该以柔软的态度去理解孩子的世界，而并非用权威摆出父母的架子**。然后向孩子明确传达，对父母而言孩子有多么的重要，如果父母想要被孩子当成人生的导师去信赖，平时真诚地跟孩子对话是很重要的。

无论父母多么想要接近孩子，一旦孩子进入青春期，就会开始觉得父母“思想老旧”“啰唆”，那时孩子跟父母之间的距离会突然拉开。

在那之前，让孩子觉得**“跟父母什么话都可以说”“父母会接受自己的想法”“彼此是相互理解的”，建立信赖关系，**对于孩子的沟通能力和加强家人之间的羁绊，有非常重要的影响。

5 积极地跟孩子讨论各种话题
孩子会继承“父母的对话水准”

问卷调查结果

★ 在餐桌上跟父母讨论问题中长大

我的父母喜好文艺、经常阅读，知识渊博。在我小的时候，**父母经常在餐桌或客厅热烈讨论各种文化与政治议题**。我也自然而然地加入话题，这培养了我的价值观和表达方式。

（京都大学经济学系 M 同学）

★ 希望父母可以积极地跟我谈论各种事

我的父母并不会积极地跟孩子一起思考或谈论事情。虽然反过来说，那是“自己思考、行动”的教育方法，但跟父母谈话时总有缺少点什么的感觉。**很希望父母当时可以针对历史、**

社会或是其他议题提出自己的主张，跟我一起讨论。

（庆应义塾大学环境信息学系 K 同学）

培养接受批评、有建设性地讨论的能力

冷静接受反驳的训练很重要

好几位学生回顾幼年时期，都回答希望有更多机会跟父母讨论各种话题。我们家也因为**父子之间的讨论频繁，有效地训练了孩子的讨论能力**。

我先生很喜欢说话，只要有空就会找孩子聊天、问问题或说教。但是如果在孩子面前做错了事或说错了话，他也是绝对不会承认的。这时，其他孩子都想赶快结束与父亲的对话，所以父亲说什么都是对的。但长子面对这样顽固的父亲，一点儿也不让步，他会想尽各种办法指出父亲的错误。

长子从小就无法接受模棱两可的说法或稀里糊涂的解释，虽然经常跟不愿意承认有明显错误的父亲起冲突，**但现在想起**

来，那也是应该加以鼓励的。

长子的健谈，与总是引诱他争论的父亲有很大的关系。在父子俩像是打台球一样你来我往的言辞攻防中，他敏锐的直觉就这样被磨炼出来。我的先生不愿意输给孩子，总会认真地不断争辩，而善辩的他偶尔也会被孩子逼到窘境。

另外，在亲子之间的讨论中，也要让孩子学习反驳与人身攻击的不同。**以坦然接受反驳的态度，让孩子学习如何进行有建设性的讨论礼仪。**讨论经验累积得越多，越是可以感受到观点、信息，以及价值观的不同。

从小就积极地跟父母讨论，能培养孩子的辩论能力。在孩子想法尚未定型之前，应该让孩子学习“辩论所需的思考方式与态度”。

6 不要将父母的价值观强加在孩子身上

让孩子在不同的观点、意见和价值观中去学习

问卷调查结果

★ 把父母的想法强加在孩子身上，会让孩子失去跟父母对话的意愿

我父母的想法是“安定的生活才是幸福的根源”。父亲大学毕业后就成为公务员，母亲则是家庭主妇，经济虽然算不上富裕，但也是好好地把孩子拉扯长大，生活安定平稳。

我非常感谢这一切，父母似乎也希望我可以走上相同的安稳道路。他们认为，要有安定的生活，就必须进入知名大企业工作，而要进入大企业工作，就必须要进入知名大学就读，因此把我送入私立的初高中直升学校，而且非常热心于我的教育。

这就是我父母的想法，当我认真地跟他们讨论“我想在自己感兴趣的领域工作，不管公司规模大小”时，**他们不分青红**

皂白地就对我说："你应该进入大公司工作。"从那之后，我就放弃跟父母对话了。

（东京工业大学信息理工学系研究所 K 同学）

★ 对只用自己的价值观思考的父母感到厌烦

我的父亲是负面教材。他很认真且诚实，但只按照自己的价值观思考事情，认为孩子的成绩一定要好，还必须是（父亲所认为的）正直的人，我对这样的教育方式感到很厌烦。

（早稻田大学政治经济学系 H 同学）

培养能尊重不同意见的"度量"

创造任何情况都可以安心讨论与反驳的环境

过去我看新闻时不曾有无法理解的句子或报道。但自从电脑普及之后，片假名[1]的词汇变多，我常常看不懂报道中语句

1 片假名：日语中表音的文字符号。

的意思。即使理解语句的意思，也不了解那个机制是什么的情况越来越多。

当下，我察觉到自己已经跟不上时代，时刻自我提醒不要不懂装懂，扯孩子的后腿。具体而言，我可以提供给孩子的建议，大概只有人际关系的礼仪和做饭时要放多少调料而已。

在问卷调查中，可以看到有好几位学生不满父母强行把他们的价值观强加在孩子身上。**当父母单方面地强加价值观于孩子身上时，孩子会觉得“不管说什么都没用”，最后失去跟父母认真讨论的耐性**。如此，家庭就失去了持续培养孩子沟通能力的功能。

尊重孩子意见的父母所培养出来的孩子，能够在家里学习到尊重对方意见的沟通能力。也就是，即使听到不同的意见，也能向对方表达自己主张的高难度沟通技巧。

夫妻之间的沟通方式，对孩子的影响很大。**感情融洽、尊重彼此想法的夫妻教出来的孩子，他们长大结婚之后，大多数也会用体贴人心的话语及温和的说话方式跟自己的伴侣沟通。**

相反，经常在父亲总是用命令语气跟母亲说话的家庭环境下长大的男性，也会不知不觉地用命令的语气跟自己的伴侣说话，因此很容易吵架。

父母扮演着让孩子学习与不同观点、意见和价值观的人沟通的重要角色。在孩子以后的人生道路上，有很多无法称心如意的事情正在等着他们。想要避开与自己的意见与利害关系不同的人，是不可能的。

所以，**必须要教导孩子倾听不想听的话，仔细聆听并尊重不同的意见和价值观**。而父母必须带头示范有弹性的沟通方式，陈述自己想法，有时候还必须承认自己的错误和否定自己之前的说法。

当孩子说错了，或者是身为父母无法接受孩子的说法时，也不可以因为对方是孩子就**不分青红皂白地否定**。**强行把父母的意见加在孩子身上是非常危险的**。因为孩子会模仿大人，这样就无法健全地培养孩子“接受并理解不同价值观”的重要沟通能力。

7 不要情绪化，把理由说清楚再斥责孩子

不要动怒，而是提醒孩子

问卷调查结果

★ **希望父母当时能好好说明斥责的理由**

针对家庭教育，我希望父母可以改善的地方是，斥责孩子时应该向孩子说明为何而骂。希望父母当孩子做了不好的事情时，**询问孩子为什么这样做，连同犯错的原因也一并找出来。**然后，希望父母经常夸奖孩子，多用肯定的话养育孩子。

（名古屋大学物理学系 K 同学）

★ **只要父母不情绪化，孩子的叛逆期很快就会结束**

可能因为母亲是公司的经营者，这让我对她很难有亲切温柔的感觉。但是，仔细观察可以发现，母亲不会没理由地发脾气，**责骂孩子的时候也会有条理地把理由说清楚，让人心服口服**。我想，这应该是我的叛逆期在初中时很快就结束的原因。

在斥责孩子时，不要只是情绪化地发脾气，应该让孩子知道他哪里做错了，这对于教养而言相当重要。

（青山学院大学经济学系 O 同学）

✶ 因为曾经被体罚过，所以变得极度害怕他人对自己有敌意

幼年时期的体罚经历（当然只有当我犯错时才会被体罚），有可能是我极度害怕他人对自己有敌意的原因。

（东京工业大学研究所 H 同学）

忍住想发脾气的情绪，让孩子自己察觉错在哪里

不讲理地斥责，一定会让自己后悔

关于父母的斥责与生气方式，是这次的问卷调查中出现最多回答的主题之一，由此可见，这对孩子的影响有多大。

生气与斥责，牵涉到高难度的沟通能力。因为必须一边控制自己的情绪，一边猜测对方的心情，还要思考该怎么做才能解决问题。

希望各位注意的是，**“父母的生气方式”与“孩子的情绪处理能力”有直接关系。**

孩子只不过是不小心弄掉了筷子，情绪化的父母就大发雷霆。孩子一旦在幼儿时期有类似这样跟父母沟通的恐怖经历，**就会变得极度害怕父母，或是对大人产生不信任感。**然后孩子会因为自我保护机制，学会说谎，失去他们应有的天真纯朴，这对孩子而言，完全没有任何教育效果。

即便孩子年纪尚小，父母一旦养成不说明理由就情绪化责骂的习惯，也有可能会在亲子关系之间埋下祸根。

如果父母只会单方面不讲理地责骂孩子，**当孩子进入青春期之后，这种斥责方式会失去作用，双方会逐渐变得无法相互了解。**等到父母想说“应该更尊重孩子的想法”时，对孩子来说是难以接受的。

以漫长的人生来计算，孩子默默地接受父母不讲理斥责方式的时间，并不算长。但这个时期父母如果**以情绪化的方式斥责孩子，在孩子长大独立后，父母后悔的心会持续不间断。**

无论多么生气，也不可以情绪化地责骂孩子，针对特别严重的错误，用诚恳的态度教导他，让他主动发现过错，态度自然会改变。

一直在举自己的例子，实在有点不好意思。我母亲吃过的苦头不算少，但她的性格相当沉稳，经常说我们是“神赐予的孩子”或“上天恩赐的宝物”等，母亲对待我们七个兄弟姐妹的态度也真的是那样的，她完全不会对我们责骂或说教，我几乎没有母亲对我们情绪化斥责的记忆。

虽然是这样，但母亲并不是放任我们不管教，她每年都对某个哥哥或姐姐谆谆教诲。但那是非常心平气和的说教，**是让孩子发自内心地发现自己的过错**。没有哪个孩子会想让这样的母亲感到困扰，因此不做让母亲伤心的事、不做母亲讨厌的事，是我们兄弟姐妹之间不成文的规定。

育儿期间的母亲容易因为各种各样的原因对孩子发脾气，但这个时候更要忍住，一边深呼吸，一边对自己说：**“我不是驯兽师，而是我宝贝孩子的教育者。”**冷静之后，倾听孩子的话，然后引导孩子了解不可以那样做的原因。

8 教导孩子感谢的重要性

家人之间也要彼此说“谢谢”

问卷调查结果

✶ 因为感谢，所以能够努力

我父母不断地告诉我，**向所有支持自己的人表达感谢的重要性**，那也成为了我的信念。例如，上补习班或上大学的费用，都是父母出的钱，这让我觉得必须竭尽全力才行，因此尽了自己最大的努力。

（庆应义塾大学 Y 同学）

✶ 希望父母教孩子从小地方感受幸福

无论是运动还是学习，父母都希望我一定要拿第一名。我就是在这样的教育下长大的。因此，无论是社团活动还是跟朋友玩耍时，只要我的表现不是最好就会觉得不甘心，所以经常跟朋友有摩擦。希望父母能够**用心胸宽广的教育方式养育我**，教我即使不是第一也能乐在其中，**对小事也能持有感谢之情的能力**。

（一桥大学 N 同学）

“感谢的习惯”创造魅力人格

不懂得感谢的人，不会被他人信赖

我认为，日常沟通中最重要的是表达感谢。信赖关系与深厚人际关系的基础是感谢的心情。我看过好多因为**对周围的人没有感谢之情，从而无法获得信赖**的例子。

我家附近有数个政府机构共用的宿舍，每两到三年就会有中央政府的核心干部被派到这里来。听说品行良好的干部**平时会对部下说“多亏了你让这份工作很快完成，谢谢！”等感谢的话语**。

指正部下时，他会在没有其他人的地方跟部下说：“这项工作虽然做得不错，但这个地方有点问题，可以请你重做吗？谢谢你总是这么帮忙。”

他的部下都不约而同地说：“就算以后他调回到中央，只要是他派过来的工作，都会竭尽全力帮助他。”

他们说，无论来了怎样的干部，以地方政府这个部门的工作性质来说，部下实际必须做的工作不会有太大的改变。即使如此，有的上司值得信赖，而有的上司却总会让人想要扯他的后腿。遇到那样的上司，似乎总是有人从部下的立场刻意延迟工作进度。

能否对周围的人表达感谢之情，建立起信赖关系，在工作中会产生明显的差距。

我身边也有很多不懂得感恩、总是埋怨的父母。该感谢对方时不知感恩，孩子送礼物时觉得那是便宜货，抱怨朋友都可以一直出去旅行而自己却不能等，这样的人即便再有钱，都只让人觉得他内心很贫穷。

我看过很多，孩子长大之后虽然会反抗，但某一天突然发现自己跟父母越来越像的例子。

只要用心去看，就可以发现周围有很多能带来快乐和值得感谢的事情。**父母知足感恩，能够寻找出微小的喜悦和快乐，每天都过着充满感恩的日子，这样的态度也会影响到孩子。**

我外甥女夫妻两人是对小事也会夸大地表达谢意的性格。而我先生则是不论人家端出多么好吃的食物，也不会多说什么，只会默默吃着的人。但如果是外甥女的先生就一定不会忘记跟太太说声“谢谢”。孩子帮忙拿报纸过来，把玄关前的鞋子排列整齐时，他们夫妻也一样不会忘记跟孩子说“谢谢”。

这对夫妻从孩子还小的时候开始，在应该道谢时一定会督促孩子“有没有说谢谢？”不只是对待他人，**就连家人之间也少不了彼此感谢**。当别人夸奖他们的孩子时，他们总是回应“谢谢”，发自内心地觉得开心。他们的孩子在上幼儿园前，有一次碰到我，幼小的内心可能觉得应该对我表达感谢吧，在我开口说话之前先跟我说“谢谢你总是夸奖我很可爱”，这着实把我吓了一跳。

这个家庭无论多么微小的事都不会忘记要感恩，对任何人都一样诚恳，将感谢化为言语，用非常简单明了的方式传达，因而获得了周围人的信赖。

如果只在心里想而不表达出来，往往无法将心意传达给对方。惜字如金、不懂得好好问候或是表达感谢的人，人际关系会出现裂痕。

父母可能觉得会学习才是最重要的，但那样的教育方式会使得孩子无法建立良好的人际关系，成为烦恼的来源。

在此，我想强调家庭里必须彻底养成“家人之间相敬如宾”的家风，**培养孩子凡事感谢、表达感谢之情的话语和态度，**“感谢的习惯”会直接影响孩子未来的人际关系。

9 养成换位思考的习惯
不懂弱者痛苦的人，无法取得他人信赖

问卷调查结果

✶ 理解对方的心情是最重要的

每个人对优秀的定义都不同，而**我的父母教导我，理解对方的心情是最重要的**。因此，他们经常提醒我，必须站在对方的立场去思考。

（某大学T同学）

✶ 重视他人的心情

父母总是耐心地教导我说："己所不欲，勿施于人。""自己做不到的事，就不要去要求别人。""成为能够理解他人心情的人。"

（东京大学信息理工系研究所T同学）

✶ **了解为他人着想的重要性**

我父亲无论工作有多忙，都很珍惜跟家人在一起的时光。父母**从小就教育我：“绝对不可以欺负女生或弱者。”**我父母不但珍惜家人，对他人也不忘保持一颗温柔与关爱的心，这种态度让我学习到为他人着想的重要性。

（一桥大学 O 同学）

培养为弱势者着想的心
父母的言行举止左右孩子的感性

谈论到沟通能力时，不可以忘记体贴对方的心情，特别是为比较弱势的群体着想的心情。而**幼年时期的经历、父母的感受和思考方式会对此有很大的影响**。

因为我自己本身就是日本社会的少数派，因此习惯从少数或弱者的观点看事物，关于这一点我应该切实地传达给我的孩子们。

我的二女儿经常被小学老师说：“我很想把我的薪水分给

这个孩子。”从老师没提到的杂事，到朋友们讨厌的工作，她总是抢在前面爽快地接下。

二女儿在小学一、二年级时参加学校运动会的赛跑项目，她是起跑最快的那一个。但仔细一看，她拼命地拍着铃鼓[1]一直在东张西望、回头看，步伐像是在跳舞一样，并没有全力冲刺。再仔细一看，后方的村田（假名）同学正顺着铃鼓声音的引导沿着跑道跑着。

那个时候的村田同学正在逐渐失去视力，双目几乎失明。而我在家长观看席中也听到了多种声音，“如果是我的孩子，我应该会叫她婉拒拍打铃鼓的引导工作。万一发生事故怎么办？”“但村田同学好像说，如果是她引导的话就参加赛跑。”“从老师的观点来看，能够拜托的应该也只有她了吧。”

虽然我不清楚女儿担任拍打铃鼓角色的来龙去脉，但不喜欢出风头的她，很尽责地完成了这项工作，身为母亲的我非常开心。

1 铃鼓：又称“手鼓”，无论在民间舞蹈或乐队伴奏中，铃鼓都是一种色彩性很强的节奏打击乐器。

二女儿从小就会关心相对比较弱势的朋友，类似这样的故事有很多，而我是在老师或其他妈妈向我道谢时才知道的这些事。

长子在幼儿园时体格就比其他孩子壮硕，在玩游戏时总是担任主导的角色，所以总是用命令的语气跟玩伴说话。

只有一次，有位体格较弱的孩子的母亲通过老师向我抱怨："我的孩子被当成手下使唤。"后来，我严厉地指正了长子，即便你没有那个意思，当对方有不愉快的感觉时就不可以那样做。

长子在小学低年级时，班里有位名叫小步的孩子，因为幼儿时期的高热导致行走和说话有困难。长子可能是理解了"**应该要温柔对待比自己弱的人**"的概念吧，从各方面协助并守护小步。小步的母亲非常感谢我家长子，就连小步做复健休学期间，母女俩也来参加长子的生日派对。之后小步写的自传中也提到了对长子的感谢，至今他还与已经成为两个孩子妈妈的小步保持着联络。

另外，有一天一个熟人说了一个带有偏见的笑话，长子听了就非常激动地批评了他的无知，甚至非常气我为什么要跟这样的人来往。

就连高中棒球赛也是一样，我无法纯粹地享受观看国际运动竞赛的乐趣。因为我经常只给经济明显处于劣势、设备设施等条件恶劣、传统上比较弱的队伍加油。

在孩子们还小的时候，举办某个足球国际大赛时，我赫然发现我的孩子们都在支持完全不熟悉的非洲小国的队伍。我对此非常吃惊，**原来母亲的影响这么大。**

如果父母对社会弱势群体没有同情心，孩子也会深受影响，并且要花很长的时间才会发现那是错误的观念，还有可能会不断犯错、伤害他人。所以，在家里父母应该要教导孩子关心比自己弱小的存在。

10 通过动物培养孩子关爱的心
饲养宠物受益良多

问卷调查结果

✶ 从重视动物生命的父母身上学习到温柔为何物

我父母非常喜欢宠物，**经常跟我一起照顾金鱼和鹦鹉**。他们非常讨厌粗暴地对待生命，即使是蚊子或蟑螂也不会杀害，而是抓住再将其放生。在我小的时候，他们经常念《蜘蛛之丝》等教育小动物生命重要性的绘本给我听，教导我强势的人类不可以傲慢，应该学会保护弱势动物。

（庆应义塾大学 K 同学）

✶ 饲养宠物能加深孩子关爱的心

爷爷、奶奶和爸爸都十分喜爱动物，因此我从小就在被宠物围绕的环境下长大。因为宠物从出生到死亡都是我一直在照顾，**因此培养了我重视生命的观念，不只是人类，对所有生物都要有一颗关爱的心和责任感。**

（庆应义塾大学 M 同学）

通过动物让孩子认识“温柔的心”
动物带给孩子丰富的情感

我家孩子之所以能够同情他人的痛楚，大量的关于动物生命的图书贡献最大。

因为书柜空间有限，新买的书没有地方放，因此我会定期整理书柜上的书。就连我最爱的书，我都会对自己说：“我不是学者，没必要把书一直放在身边。”强忍着眼泪断舍离。

面对这样的我，女儿拜托我“只有这本不要丢掉”的书是《可怜的象》。

女儿会反复阅读这本书，以至于书都快被翻烂了。这本书说的是，战争期间上野动物园里发生的故事，如果动物园遭到空袭，逃出栅栏外的猛兽会对人类有危害，因此园长下达了处分动物的命令。狮子和熊吃了有毒的饲料后死了，但玩杂技的三头大象把有毒的诱饵吐了出来，并没有吃。

饲养员不得已，只好采取不给饲料、让它们饿死的方式，然而饿着肚子的大象却拼了命地表演，想讨好饲养员，以表达它们想要饲料的意思。最后，大象们还是逐一死去了。

《龙龙与忠狗》这本书女儿也读了好多遍，这是失去双亲的贫穷少年龙龙的故事。龙龙收留了一只被人类使唤到濒死的老狗阿忠，而自己唯一最好的朋友爱露娃，因为父亲和村民的误解而被禁止与他见面、玩耍。后来照顾龙龙的爷爷也去世了，龙龙失去了依靠、无处可去，最后也失去了性命。当周围的人解开对龙龙的误会时已经来不及了。

这本书里有人和狗的关系、失去双亲、什么是贫穷与对名画的憧憬等许多**打动孩子内心的话题**。

在某个时期，女儿说她再也无法阅读那些当时一边流着眼泪，一边阅读的书了。她的内心似乎成长了，一旦触碰到玩杂技的大象和龙龙内心的伤痛，她就会很难过。家里数她的书最多，书柜摆放的书更换得最频繁，但唯独那些书，她到现在还很珍惜地收藏着。

没有什么方式比阅读符合年龄的好书，还能培养温柔与同情他人痛楚的心了。在孩子心灵纯粹的时期，请让孩子通过故事来思考战争的悲剧、穷人的不幸、不输给逆境的人生态度、人与动物的关系、坚持梦想等事物。

通过照顾宠物，培养孩子对生命的责任感

因为提到了动物的故事，这里想再多加说明一点，我认为**在培养孩子关爱他人和同情心这一点上，饲养宠物对此很有帮助**。

我们家饲养过很多宠物。因为我光是照顾家里的这几个成员就已经忙不过来了，因此，**要不要饲养、该饲养什么宠物，都是孩子们自己做决定**。因为我非常不擅长与动物相处，所以孩子们很清楚，饲养宠物是绝对得不到我的帮助的。

从热带鱼、锹形虫、鹦鹉、小鸡、松鼠、乌龟、美洲鬣蜥到狗，每个孩子在上学之前都不辞辛劳地照料它们、带它们出去散步等，一大早就吵吵闹闹很是忙碌，但他们似乎都乐在其中。

每天都是从照顾宠物们开始，规律的生活让孩子们从早上就“动力”十足，不但每天都很有精神地去上学，放学之后也会带朋友来家里玩，炫耀自己的宠物，因此对动物的爱更进一步地加深了。所以，饲养宠物的好处真的有很多。

然而，只要饲养宠物，跟宠物分离的那天就一定会到来。

当宠物死亡时，孩子们实在太过伤心，此时我不但没有安慰，反而冷酷无情地斥责：“所以我说不要养宠物吧。”但**我想他们学到的东西应该不少**。孩子们虽然觉得伤心，但还是会陆陆续续带动物回家饲养，最后他们用自己的双手小心翼翼地埋葬死去的宠物。

无法建立良好人际关系的孤独青少年，在犯下社会案件之前，都有虐待小动物的前兆。从幼年时期爱护动物，跟宠物好好道别的经历，不仅可以培养孩子温柔的心、建立良好的人际关系，同时也是非常宝贵的经验。

Chapter 4 重点

跨越意见、价值观、思考方式、事实认知的不同，建立信赖关系的能力

在众多头脑聪明，高学历的优秀人才中，能够拉出差距的就是沟通能力。

优秀人才的记忆力和思考速度，其差异并不明显。

但是，“理解对方心情的能力”“能够整合不同意见的能力”“不强加价值观于他人的柔软态度”“感谢对方的习惯”“同情社会中的弱势者”等，这些真正的沟通能力受幼年时期家庭教育的影响很大。

本章所讨论的沟通能力并不是指善于表达、说话风趣，而是尊重对方的心情和思考方式，理解弱者的痛苦，跨越不同的认知和价值观，建立深厚信赖关系的能力。

那么，接下来就让我们来回顾本章学习到的重点，培养孩子真正的沟通能力时必须注意的地方。

✶ 让孩子习惯沟通

1. 让孩子参加社交场合

你有为孩子提供跟父母以外的大人自然对话的机会吗？

让孩子从幼年时期习惯跟他人沟通，能培养孩子与他人沟通的能力。

2. 养成写作的习惯

你是否有让孩子养成写作的习惯呢？特别是简洁地摘要文章的能力，对孩子未来学习和工作的发展影响甚大。

3. 让孩子从小就学习外语

你是否将孩子的语言学习全部交给学校的课程呢？跟父母的时代相比，现在已经变成外语能力的优劣会大幅左右工作选项多寡的时代。

4. 成为孩子无话不谈的对象

孩子什么事都会跟你说吗？平时跟孩子最亲近的就是父母，因此亲子之间是否建立“什么话都可以说”的关系，会大大地影响孩子的沟通能力。

✶ 让孩子理解不同的观点、价值观和情感

5. 积极地跟孩子讨论各种话题

你会积极地跟孩子讨论各种话题吗？面对不同意见时能够

冷静处理的能力、接受不同的观点和价值观、有建设性地整合意见的能力，是决定未来领导能力的关键要素。

6. 不要将父母的价值观强加在孩子身上

你会将价值观强加于孩子身上吗？强迫孩子接受父母的价值观，孩子也会变成强迫他人接受自己价值观、沟通能力的狭隘之人。

7. 不要情绪化，把理由说清楚再斥责孩子

你会情绪化地斥责孩子吗？父母的生气方式，对孩子的情绪处理能力有很大的影响。责骂时不要情绪化地大发雷霆，必须说清楚责骂的理由，再引导孩子主动地察觉到过错。

✶ 让孩子养成相互理解的习惯

8. 教导孩子感谢的重要性

你是否有让孩子养成再小的事也会感谢的习惯呢？传达感谢的心情，是与他人建立信赖关系时最重要的沟通能力。

9. 养成换位思考的习惯

你让孩子养成换位思考的习惯了吗？特别是能否从弱势

者的角度来感受、思考，是决定能否为他人着想、理解彼此的关键。

10. 通过动物培养孩子关爱的心

让孩子理解、尊重动物生命的重要性，与培养孩子关爱弱势群体有关。饲养宠物，并陪伴到它生命终点的经历，会让孩子培养出对所有动物的深厚情谊和关爱的心。

5

Chapter

让孩子主动学习

比起放任或强迫，『创造动机』更重要

不论是给孩子自由，还是强迫孩子，孩子都不会主动学习——动机、习惯和环境的重要性

“武贵你给我好好学习！”

“不要，绝对不要！”

“废话少说，好好学习！”

以上是以前我们家每天毫无意义的争吵，然而只要阅读本章，你应该就可以理解，**为何这种想要强迫孩子学习的父母会彻底以失败告终**。

另外，自由放任学习的教育方法并不是对所有的孩子都有效。在本次问卷中，最多的回答是：比起强迫孩子学习，让孩子自己做主比较好。**但普通孩子的父母万万不可一股脑儿地接受这样的说法**。如果孩子有主动学习的想法，属于求知欲旺盛的类型，那让他们自由做主也没关系。

而我就是属于普通孩子的那种类型，我的性格放荡不羁，让我自己做主是绝对不会学习的，但反过来若是强迫我，我也会无动于衷。所以，让孩子念书最重要的是，**有技巧地给予刺激、引起动机**，这与促使人主动的基本道理是相同的。

让孩子主动学习的问卷调查回答，可分类为以下十点：

养成习惯

1. 不要强迫孩子学习
2. 在幼年时期培养孩子的学习习惯
3. 用有趣的方式发挥孩子的思考能力

给予学习的动机

4. 让孩子了解学习的好处
5. 学习环境决定了孩子未来的一大半
6. 培养孩子学习的竞争意识
7. 可否给予孩子奖赏呢？

培养学习的观念

8. 重视结果与重视过程
9. 一定要让孩子上大学吗？

10. 不要用“唯有读书高”的观念来教育孩子

问卷调查中，大家都不约而同地提到，由上往下的强迫式学习是没有效果的。但问道，**那么该如何提高孩子学习的动力呢？回答无一不是让孩子了解学习的乐趣**。

我向聪颖的人们询问其幼年时期的学习经验，发现有很多例子是因为热衷乐高，或是经常跟父亲一起下围棋、将棋[1]等经验，让他们体验到了动脑的乐趣。

从东京大学医学系毕业，进入外商金融机构担任投资顾问的天才友人说，他在幼年时期热衷相扑，默记每次的比赛场所、相扑力士位阶表，以及决胜的招式名称，成了他强化记忆力的最佳训练方法。在追求喜欢事物的过程中，经常会连带地增长知识并提升能力。

另外，这些家庭的孩子大多是好奇宝宝，经常问“为什么”，而他们的父母也**协助幼小的心灵，体验解开疑惑的豁然开朗感和理解事物的喜悦感**。

我的恩师曾说：“对教育者而言，最重要的工作是让孩子

---

1 将棋：又叫日本将棋，是一种流行于日本的棋盘游戏。

懂得学习的乐趣。”在此想把这句话赠送给各位父母。

不同类型的孩子，学习的动力源泉也不同。我的父母在半途放弃强迫我学习，改用好几种方式引导我主动学习。

虽然不是值得炫耀的事，但其中最有效的方法是，**在小学补习班拿到第一名就可以获得一万日元（约人民币 540 元）奖金的激励制度**。这个激励法让我突然对学习充满了动力，因为当时我用自己的零用钱饲养热带鱼，正好非常想要有个大鱼缸来养大型热带鱼。

用现金当诱饵可能让人觉得很现实，但“用奖赏钓孩子上钩”的例子却出乎意外地多。在中国香港当律师的朋友从小就很讨厌学习，但因为很喜欢动物，就跟父母说“想要养宠物”，父母则说“模拟测验拿到好成绩，就可以养仓鼠”“拿到第一名就可以养兔子”“考试合格就买博美犬给你”，就这样他也被钓上钩了，从此非常努力地学习。那真是非常可爱的奖赏，不是吗？

很“遗憾”的是，我也是被钱钓上钩的。但是，动力的源泉并不只是钱，最大的原因还是母亲的努力。

母亲为了让我能够进入理想中的学校就读，实在是太努力了，让我觉得应该要回报她，所以非常努力地学习。

有天深夜两点突然醒来时，发现屋里有灯光亮着，我心想，这么晚了是谁在做什么呢？跑去一看，**母亲正坐在桌前非常认真地解答着我理想学校的入学考试题目。**

我永远忘不了那个情景，“母亲为了我竟然这么努力”，这深深地感动了我。我搞不清楚那样的心情到底是感谢还是愧疚，但从那之后，我在内心发誓，一定要剪掉藏在抽屉里不断添购的家用游戏卡带，好好学习（虽然最后没有剪掉）。果然，**准备考试时，在身边一起努力的父母，是孩子最主要的动力来源。**

另外，回顾我自身的经历，略有遗憾的是，我完全没有“为什么必须要学习”“为什么应该学习比较好”等问题的答案，只会埋头苦读，因此对于学习的“理解”不足，无法主动涌现学习的动力。

让孩子主动学习与让公司员工自己行动的共通点，**归根结底，就是要让他们理解“为什么必须这样做”。**

幸运的是，进入升学学校之后，父母已经完全不会对我的学习多说些什么。而且，周围的同学都很认真地在学习，因此我也自然而然地养成了学习的习惯。**这种“周围的人都在努力”的环境因素，对于让孩子养成自动学习的行为，具有决定性的影响力。**

此外，督促孩子学习时，绝对不可以让孩子染上“唯有读书高”的价值观。否则孩子的价值观会变得狭隘，只会用学校的名声及班上的成绩排名来判断一个人的价值，长大之后会变成视野极为狭窄的人。

在第二章出现的大型投资公司分社长友人说道：**“学习对我来说最重要的是，它让我找到自己擅长的领域，通过这个领域对社会有所贡献，体会被周围的人感谢、认可的喜悦。”**教孩子“学习”，绝对不仅仅是提升考试成绩而已。

那么，接下来就跟着南瓜夫人，一起讨论让孩子主动学习的非强迫式方法吧。

I　养成习惯

1 不要强迫孩子学习
勉强孩子，反而使孩子不主动学习

问卷调查结果

✶ 不要强迫孩子，应该让孩子自己产生兴趣

我父母从未强迫我学习。因为他们认为，**只有当孩子真的有兴趣，才会努力去做某些事并发挥潜能。**

具体而言，父母不应该要求孩子针对某件事而努力，而是要引导孩子自然地对那件事产生兴趣。

（东京大学工学系研究所 F 同学）

✶ 不强迫孩子学习，而是“给予机会”

我父母的教育方法是不会强迫孩子去做什么，他们对孩子的干预仅止于提供成长的机会。举个例子，我父母从不要求我好好学习，**但当我说想要再多学习时，他们就会为我提供上补习班的机会。**

（东京大学工学系研究所 M 同学）

✶ 只是让孩子成功通过考试没有意义

我父母一贯的教育方法是“让孩子自主学习”。硬是强迫孩子学习，即便把牛牵到北京也还是牛。

我的父母曾说，**没有好好理解、只会拼命学习的人，即使凭着毅力通过了大学考试，在那之后，也会像用久了的橡皮筋一样没有了弹性。**另外，当我偏离了轨道时，他们也会适时地引导我回到原点。

（东京大学工学系研究所 I 同学）

✶ 父母把教育当作是送给我的礼物

父母认为教育是投资我未来的礼物。例如，我的父母从未叫我好好学习，但当我说想要出国留学，或想要继续深造时，**他们都当作是对我未来的投资，十分支持我的想法。**

（东京大学经济系研究所 H 同学）

非强迫式的，以身作则教导孩子
父母自己要有学习的习惯

询问时常感叹自己正在上初高中的孩子“都不用功”的父母，**就可以发现其中很多人在孩子读小学时没有下任何功夫**。这样的父母大多没有意识到，自己的行动对孩子的未来具有重大的影响。

每位育儿中的父母都很忙碌。但是，越是感叹自己的孩子不好好用功学习的父母，越是黏在电视机前，或是时常外出赴约。也就是说，父母的生活并未以“孩子的教育”为最优先。相反，以“创造让孩子想要学习的环境”为最优先考量，以此为原则分配自己时间的父母，他们的孩子会跟前者拉开较大的差距。

问卷调查中，有的父母把教育当作是送给孩子的礼物。**教育并非强压式，而是对孩子未来而言重要的礼物**。仔细想想，真是如此。

在我周围，仍然有很多父母持续地用“好好努力学习”这句话强迫孩子学习，最后又加上了“拜托你好好学习”或是“算我拜托你，好好用功好不好”等话语。当那样拜托孩子时，“教育是父母送给孩子的礼物”的想法就消失了。然后，会使讨厌学习的孩子**误以为是“为了父母，被迫学习”**。

想让孩子主动学习，最重要的不是用各种方式强迫孩子，而是提供让孩子想要学习的环境。而这绝对不是给孩子一间美轮美奂的书房，或是砸下大笔教育费。

首先，父母最低限度应该要做到的是，提供安静的学习环境。当孩子想要学习时，父母绝对不可以把电视开得很大声。夫妻经常吵架的家庭，也绝对不是引导孩子主动学习的环境。

其次，当孩子很迷惘，不知道该从何下手时，应该教孩子如何做。所以，父母至少要掌握孩子现在正在学习什么。

对孩子而言，最佳的学习环境是最亲近自己的父母拥有的学习习惯。

我那些在大学教书的朋友，或是才智品格均优、强调“自由放任”重要性的人们，都有个共通点，那就是，他们虽然不会要求孩子学习，**但会让孩子看见自己经常在阅读、学习的身**

影。由此可见，父母对孩子的影响非同一般。

父母不做任何努力，把教育孩子的责任丢给补习班或家教老师，只用嘴巴强迫孩子学习，是不会有任何效果的。想要让孩子自然而然养成学习的习惯，父母平时应该以身作则，做孩子的榜样。

2 在幼年时期培养孩子的学习习惯
幼时的学习习惯一辈子适用

问卷调查结果

✶ 从小就培养学习习惯

母亲让我从小就养成了学习的习惯。**从幼年时期开始，每天都让我规律地玩学习成分很高的游戏。**长大之后，母亲什么都不用说，我就会自主地学习。

（东京大学 I 同学）

✶ 初中之前很严格，之后就放任孩子自主学习

多亏了父母在我小的时候严格地要求我学习，让我养成了学习的习惯。我认为，在上初中之前应该严格教导孩子，但从那之后，就应该放手让孩子自己去做想做的事。因为**父母太严格会使得家庭关系紧张，孩子也不会成为独当一面的人，不是吗？**

（一桥大学商学系 B 同学）

在孩子上初中前养成学习习惯并提升自信心
下点功夫让孩子快乐学习

没想到问卷调查中回答自由放任的养育方式占大多数，其中“**最初是父母让我养成了学习的习惯**”的回答也不少，这让我松了一口气。

大多数的父母也跟我一样从中得到了勇气。也就是说，这些精英大学生并不是每个人都是天生爱学习的天才。

幼年时期的学习习惯，会影响孩子一辈子。每个人最能发挥自己能力的时期不同，即使过了这个时期，也有人能卷土重来；然而，**再怎么讨厌学习的孩子，在幼年时期也比其他阶段都容易养成学习习惯**。就我的经验，小学时代孩子努力的经历，不管考试成功与否，都有可能成为未来的潜在能力和基础。

幼年时期养成的学习习惯，或是“只要努力就可以做得到”的自信可以适用一辈子。

我两个讨厌学习的儿子，他们的性格和思考方式完全不同。但两个人都提到了相同的事。那就是，**初中入学考试时，**

亲子一同努力的经历，成为日后关键时刻的力量。而那个时候的成功经验，让孩子建立了自信——只要努力就可以做得到。

对于努力让孩子学习、忙得焦头烂额的父母而言，没有什么比听到孩子这样说还要好的回报了。

那么，为了让孩子养成学习的习惯，父母应该注意些什么呢？

就跟早上起床要刷牙一样，把孩子的学习时间纳入家庭的生活中。我家儿子小学时，怎么说他们都不会自己主动学习，因此我决定跟他们一起学习。

我们定好在晚餐前一小时一起学习的规则，这段时间无论什么事都不能打扰我们母子学习。在初中入学考试前半年，额外增加了早餐前一小时的学习时间。

另外，**不要让学习时间变成“痛苦的时间”也是很重要的。**

无论是社会学科还是自然学科，孩子的学习科目，对我而言都是三十年前念过的东西。到了初中考试的算术，全部是我没见过的题目。但如果我在儿子的面前表现出很痛苦、很费力地解题，那将一点儿说服力都没有。

在跟孩子一起学习之前，我会利用忙碌家事之余的空当时间预习，在儿子面前我绝对不会只用嘴巴说“这是很简单的问题”，**而是易如反掌地将题解答出来，连同解题方式也一并教给孩子**。儿子把那当作是游戏的延伸，很干脆地就接受了一起学习的时间，养成母子共同学习的习惯并没有花太多时间。

然后，将学习的目标设得比可以达到的还要高一点儿，一次次小小的成功体验能够帮助孩子养成学习习惯。即便孩子开始学习的时间点稍微晚了一些，但**只要有成功的经验，孩子也会像觉醒的狮子一样，朝着目标自动采取行动，发挥出非凡的专注力**。

如果在进入初中之前就养成这样的学习习惯，在那之后就算放任不管，这个学习习惯也会引导孩子不断向前迈进。

3 用有趣的方式发挥孩子的思考能力
问问孩子“为什么”

问卷调查结果

★ **问了我很多逻辑思考的问题**

我很感谢父亲的地方在于，他教会了我如何有逻辑地思考。父亲总是不断地问我问题，例如，“为什么眼睛可以看得到东西？”**多亏父亲在我小时候不断地问我问题，把我培养成了有强烈好奇心的人。**我认为，询问孩子“为什么”，引导出孩子兴趣的教育很重要。

（庆应义塾大学理工学系研究所 K 同学）

★ **用问题回答问题、用问题反思问题，让我深入思考**

我的父母经常问我问题，或者是用问题回复我的提问，这加强了我的思考能力。我认为，**提供问题、反过来问孩子问题，会使得孩子自己思考、延伸思考能力。**

（早稻田大学创新理工学系 F 同学）

父母不断提问，帮助孩子养成思考的习惯

给予提示，但绝不告诉孩子答案

在问卷中看到好几位学生回答道，父母不断向孩子询问“为什么”，对于孩子养成思考的习惯非常有效果。

谈到在孩子幼年时期不断询问“为什么”的教育方式，我想起之前向某位友人请教的育儿方法。她在日本出生，受日本教育，但在美国育儿。她的先生约翰（假名）是世界著名的酵母遗传学科专家，她相当佩服她先生跟孩子相处的方式。

约翰绝对**不会用叠字跟孩子说话，从小就把孩子当作独立的个体，总是平等地跟孩子们相处**。

不论是孩子们学校的学习科目，或是其他的学习，约翰都非常细心地指导孩子。他的指导方式，在我们这些普通人看来是相当独特的。

首先，他向孩子们提出自己思考过的问题，让他们对事物感到好奇，然后给予孩子们解开问题的提示，因为他想让孩子们体验到解决问题过程中的乐趣，以及解开谜团之后的喜悦，因此他**绝对不会直接告诉孩子们答案**。

约翰设计了一个让孩子们思考的游戏，这个游戏名叫“is to（之于）”。下面介绍给各位。

〈幼儿时期的提问〉

问题：夏天之于雨，等于冬天之于什么（Summer is to rain as winter is to）？

答案：雪（snow）。

问题：太阳之于地球，等于地球之于什么（Sun is to earth as earth is to）？

答案：月亮（moon）。

〈小学低年级时期的提问〉

问题：线之于正方形，等于正方形之于什么（Line is to square as square is to）？

答案：立体（cube）。

问题：国会之于总统，等于议会之于什么（Congress is to President as Parliament is to）？

答案：首相（Prime Minister）。

孩子们都很喜欢玩这个游戏，自己拼命寻找答案。而孩子们长大之后，都成为想象力丰富、有创意而且有个性的优秀孩子，效果简直让母亲吃惊。

在日本学的东西都忘记了，为什么在美国学的东西却不会忘记呢？

一旦养成独立思考的习惯，学到的东西就不那么容易忘记。刚才提到的科学家夫人朋友，她自己也是位科学家，在日本的时候成绩顶尖，从京都大学毕业后到美国留学，现在是美国历史最悠久的医学研究机构的研究人员。

她说：“我在日本学的东西都是为了考试，很多都忘记了，**但在美国，可能不像日本的填鸭式学习吧，学到的东西都记得很清楚。**”

这样的说法经常可以听到——不让孩子思考，只强调背诵的教育不是真正的教育。

另一位教育出优秀孩子的友人也提到，自己在孩子小的时候就教他“地球是圆的，浮在宇宙中，一直走的话就会回到原点”，或者是问孩子没有答案的问题“神跟佛谁比较伟大？”

孩子因为各种有趣的问题而充满好奇心，就能帮助他们体验自己思考的乐趣。

以上的例子，让我深刻意识到，父母能够提出值得思考的问题，对于孩子的思考习惯会有很大的影响。

Ⅱ 给予学习的动机

4 让孩子了解学习的好处
步入社会后才知道读书的可贵

问卷调查结果

✶ 父母让我知道社会的“现实”面

强迫孩子学习只会适得其反，因此让孩子理解“为什么要学习、考大学的重要性”是相当重要的。如果孩子觉得这些是没有必要的，最后也无法承受准备考试的长时间压力，无论再怎么管理，孩子都有办法躲避父母的监视偷懒。所以，**不如让孩子知道社会的残酷现实面，同时也可以强调高学历的好处。**

（庆应义塾大学经济学系N同学）

✶ 让孩子知道学习对人生会有怎样的影响

从小母亲就教我用功学习会决定我未来工作的薪水，**很会**

学习是件多么有趣的事，能够使自己的人生变得充实有意义。这让我觉得，学习是能过上好日子不可或缺的条件。

（东京大学跨学科信息学系 M 同学）

✶ 孩子没有兴趣，父母再怎么着急也没用

孩子如果没有兴趣，父母再怎么着急也不会有任何结果。我的父母为了让我主动学习，在**告诉我好好学习未来会有更多的就业机会**的同时，也为我提供适合学习的环境等，这大大地提升了我学习的动力。

（东京大学教育学系 I 同学）

✶ 不想重蹈父母覆辙的想法，激励我用功学习

我很感谢父母的地方在于，在日常对话中，他们很坦然地谈到自己过去的失败，或者是“当时应该这么做”等感想。

大多数的父母都爱面子，会避开失败的经历，只谈自己的成功事迹。但是，我的父母会跟我说，“高中时如果好好学英文，现在应该会更快乐吧，去旅行时该会更有乐趣吧”等后悔的心情。

他们跟我说的这些话，让我变得更想学好英语，更想了解社会运作的结构。

我不想跟父母有同样后悔的事，也想让父母看到我能跨越那些困难。所以，我抱持着这样的想法，很努力地在学习。

对我而言，如此普通的家庭对话，却提升了我学习的动力。

现在，我一边想象长大后的自己，一边努力学习，**在迈向实现理想自我的路上乐趣无穷。**

（某高中一年级I同学）

提高孩子学习的意愿

不知道学习意义的孩子无法努力

勉强孩子学习只会换来孩子的反弹，但教导孩子理解学习的意义是相当费工夫的。即便如此，**让孩子在小时候就自己找到学习的必要性和好处，对未来主动学习也会有很大的帮助。**

要让孩子自己察觉到学习的意义是件十分困难的事。我们家也一样，我苦口婆心地教他们“一分耕耘，一分收获”的道理，但只要不管他们的话，他们都会毫无疑问地选择玩耍。

如果跟孩子讲清楚为什么一定要学习，等到他们自己主动努力学习，恐怕考试都结束了吧。

关于这件事，我有个哭笑不得的失败经历。

长子上小学时，“给我好好学习！”“我不要，我不想学习！”这样的对话是每天的例行公事。

对并非孜孜不倦、认真学习类型的儿子而言，进入游乐项目越来越多的初中后，**我认为孩子自己觉醒主动学习实在是不可能。而让我万万没有想到的是，初中入学考试竟然成为了决定儿子人生的分水岭。**

大人们应该看过很多“明明很有能力，却因为没有好学历而饱尝辛酸”的例子。

粗心的我，以为儿子应该也能理解那样的事。仔细想想，儿子当时才上小学五年级，我却把学历与社会的复杂关系等，这些父母没有说明、孩子根本不能理解的事当作是理所当然，从未认真给孩子讲过。

长子在升上初中之后某天，一边苦笑一边跟我说：“我小学的时候真心认为学习都是为了妈妈，是逼不得已的。我以为妈妈想要跟邻居、亲戚炫耀，所以才一直要求我学习。”

长子的坦白让我进行了深刻的反省，**有些事对大人而言是理所当然的，但没有向孩子说明，孩子是不会理解的**。如此重要的事，我却没有好好说明，就要求孩子去准备让人烦闷的入学考试，真的很对不起他。

在学生回答的问卷中，有不少人回答道，**父母跟孩子说明学历与社会的实际关系，会成为他们努力的动力**。也有的例子是看到父母因为学历而吃了苦头，因此发愤图强地学习。以建筑作为例子，先看过全体建筑设计，明白工程有多浩大，才能着手于基础工程。

即使孩子未来想要做的事乍看之下似乎跟学业无关，也应该教他们看清社会的现实面，有很多例子都是因为学历太低而备受限制。**为了将来在找工作的时候，不会因为学历太低而使得选择变少，好好努力学习是很重要的。**

而且，家里可能被小偷光顾、可能发生火灾被烧光了，唯有学问和教养是谁都抢不走的、对自己一辈子都能有所帮助的，甚至是能鼓舞、疗愈自己的力量。现在跟孩子讲这些道理，他们可能无法理解，但可能在未来的某个时刻意外地想起来而发挥功效。

你是否跟我一样误以为“孩子多少应该能理解学习的意义”呢？**学历绝对不是一切，但应该在孩子开始准备入学考试之前，让他知道社会的现实面。**如果孩子可以理解“为什么应该好好努力学习”，学习的专心程度会截然不同。

5 学习环境决定了孩子未来的一大半
近朱者赤，近墨者黑

问卷调查结果

✶ 身处“进入一流学府是理所当然”的环境

人们很容易受到环境的影响。父母从幼年时期就投入了不少的教育费，让我**进入初高中一体的学校，而那对我影响很大。**

我的高中充满着进入东京大学、京都大学是理所当然的气氛。如果没有那样的环境，我应该不会想考东大或京大吧。

（京都大学研究所T同学）

✶ 为了追上身边的朋友，很努力地学习

我认为“提供良好的成长环境，但不强迫孩子努力学习”的教育方法，培养了现在的我。我父母的想法是，**如果孩子身边充满着优秀且努力的人，那孩子应该也会受到影响努力用功。**

父母虽然送我去初高中一体的学校，但即便我的成绩不好，也不曾对我说过“再多用点儿功”这样的话。我的朋友们都很优秀，我为了追上他们，变得非常主动地努力学习。

（东京大学新领域创新科学研究所 I 同学）

✶ 父母尽一切努力，提供良好的成长环境

我父母为了给我提供良好的学习环境，不惜一切投资我。他们会这么做，是因为过去有相同的经历，使得他们认为，**在良好的环境下，与人的相遇、自豪感以及有意义的时光是用钱买不到的东西**，那样的信念跟自信成了他们教育方法的根源。

（京都大学经济学系 K 同学）

创造可以受到周围好影响的环境

初中之后朋友的影响力最大

俗话说："近朱者赤，近墨者黑。"从问卷调查结果可以看出，很多提倡自由放任教育的家庭，都以让孩子置身于良好的学习环境为前提，然后给予孩子自由。

我也在孩子升上初中之后，开始转换为"提供良好环境，但不强迫孩子"的教育方法。**强迫不想学习的初中生本身就很困难**，而且，都已经是初中生了，父母还一直念叨，要孩子"好好学习"也太悲惨了。

正因为如此，**当孩子上初中时，我就想把他们"扔进"能被学校的体制、老师和同学拉着走，再怎么讨厌学习也会产生努力念头的环境**。而我身边有很多相同想法的父母。

有这样一句谚语，"宁为鸡首，不为牛后（宁可居小者之首，也不愿做大者之后）。"但当孩子上初高中时与此相反也可以，此时我想把孩子送进更加优秀的环境。

我当时判断，**比起在小山丘上当大王，即便是吊车尾进入升学学校，也可以学到更多的东西**。当然，过度竞争导致孩子丧失自信的环境不在讨论之内。但是，让孩子懈怠、不努力的环境，一定会妨碍孩子发展独立自主的精神。

就结果而言，我家的孩子进入初中后，身边围绕着的全是很清楚自己目的为何、非常努力的同学，处于这样的环境，对于提升自主学习的效果相当大。因为在这个时期，**朋友比父母或老师更具有影响力**。青春期的孩子，在这种环境学到的东西，会跟他们的未来有直接关系。

同样是放任，也有不少父母认为孩子“只要健康长大就好”，完全没有引导孩子学习，或者是没有**提供好的学习环境，只会出一张嘴巴督促孩子去学习。但是，我坚信为孩子提供一个能从周围获得良好刺激、得以成长的环境之后，再放任孩子自主学习是相当重要的。**

希望那些因为初高中时代身处于无法懈怠的环境，即使讨厌学习也不得不努力的人不要忘记——父母陪伴着你们，真的是用心良苦。

6 培养孩子学习的竞争意识
引导出孩子的求胜心

问卷调查结果

✶ **因为不服输，所以得更努力**

多亏父母**培养了我的竞争意识**，我才得以进入理想的学校。只要有考试就会有分数跟名次，我才不想输给任何人，这样的想法使我自发地努力学习。

（庆应义塾大学理工学系研究所 K 同学）

✶ **不想输给伙伴，自然而然努力学习**

我其实并不喜欢学习，但自从要好的足球社团**朋友开始埋头苦读，不想输给他的心情也让我跟着努力用功**。这样的竞争意识，是我学习的原动力。

（东京大学经济学系 A 同学）

在进入竞争的社会前，先让孩子习惯竞争

舞台上不需要六位白雪公主

在某个时期，有部分小学因为某些原因，运动会的竞赛项目中不排列名次。现在似乎也有学校在文化活动的话剧表演中，会尽可能安排多位孩子饰演主角，舞台上甚至出现了六位白雪公主。

出现这些现象都是因为学校太过费心于“怎么做才不会被家长抱怨”。但是，我认为**孩子在进入严苛竞争的社会前，先教会他们竞争的方法，也是父母重要的工作**。

以我家的情况来说，我认为不只是孩子，父母也要燃起“竞争意识”，这对培养孩子竞争心的效果更佳。我判断长子跟女儿们不同，用自由放任的方式他是不会有所成长的，因此在小学四年级时就送他去上补习班。那时，有多年补习经验的老师对我说：“小学生之间的能力其实没有太大差距，因此**初中入学考试，才是父母的战役**。母亲努力是理所当然，而父亲能给予多少协助也是关键。”

当我听到母亲的努力是“理所当然”的瞬间，我竞争心的火种就被点燃了。

我希望长子至少在补习班取得一次第一名。虽然当时我已经 40 岁了，但**在他上学的时间我也在努力地准备各科目的考试范围，然后再深入浅出地讲给他听**。长子的玩心很重，所以花在学习上的时间一定不够，因此我想尽一切办法在有限的时间内提升他的学习效率。

例如，假设算术考试范围的练习题目有 40 题，利用工作、照顾体弱多病的婆婆，以及跟亲戚交际往来之间的空当，我解开全部的题目，然后挑选出最具代表性的 20 道题跟长子一起练习解题。长子只要练习那 20 道题目，就等同理解了 40 道题目。

跟一次要管 40 多人的补习班老师比起来，**父母可以迅速掌握孩子不擅长和不理解的地方，亲子共同努力的方法是非常有效的**。

虽然当时的我觉得，没想到这把年纪还要做如此有挑战性的题目，但一切的努力都是有回报的。

不久之后，长子就挤进了补习班前几名。在那之后，他就觉得学习变得有趣了，也有了自尊心，因为不想成绩退步而变得非常努力。**这可以说是从小小的成功体验中，培养出了孩子自信心和对胜利的执着心的例子。**

回想起来，补习班也采取了一些方法促进孩子之间的竞争，也有不错的效果。我比较了几个补习班，最后选择了一个规模较小的补习班，他们把最终班里有几位学生进入顶尖学校视为攸关补习班生死的政策。老师们的竞争心也很强，而我则把希望赌在了那位有着强烈的竞争心的老师身上。

那个补习班不只按照成绩分班，就连座位也是用成绩排名来安排的。这样的方式在现在应该会被家长抗议吧，**但长子说他为了能够一直坐在最前排右边“第一名”的位子，拼了命地学习。**

后来，长子考上了当时京都最难考的学校，他很坦率地承认当时亲子间一起努力对他的影响很大。

当孩子没有竞争意识时，父母就要拥有竞争意识，并且教导孩子如何竞争，给予孩子在竞争中取得胜利的自信，是相当重要的。当然，如果有人不用竞争，人生就可以一帆风顺，则另当别论。

7 可否给孩子奖赏呢？
有的孩子只对眼前的利益有反应

问卷调查结果

★ 金钱的诱因成为学习的动力

小学时，我们家采取考试满分就可以获得零用钱的制度，因此我把努力学习当作是理所当然。喜欢学习，并且能把主动努力学习当作是理所当然，这是最理想的。但即使不是用金钱，利用“好好学习就可以获得什么”的想法鼓励孩子，也不失为一个好方法。

（庆应义塾大学 K 同学）

★ 给孩子买他们喜欢的东西，孩子就会努力学习

在初中毕业之前，只要我的学习获得了一定的成果，母亲就会夸奖我，并且给我买很多我喜欢的东西。**而我为了能得到母亲的夸奖和喜欢的东西，非常乐意并主动努力学习。**

（东京大学跨学科信息学系 M 同学）

怎样也提不起劲的孩子，就给他“红萝卜”

采取“奖赏制度”的家庭意外地多

我先生经常跟孩子说“学习的意义为何”，但**孩子们都当作是遥远的事，仿佛事不关己，听听就忘了。**

像这样再怎么努力向孩子说明理由，他们也无动于衷，想要引导从来不会主动思考“现在应该学习”的孩子好好努力，到底该怎么做呢？

虽然这不是值得大声宣扬的事，但作为第二好的对策，我们家采取了“用红萝卜引诱”的计策。在本章的开头，儿子就已经公开了我们家的“奖赏制度”，我也坦然承认，我们家用小虾米钓大鱼的策略确实是成功的。

我很爱面子，觉得用这种“旁门左道”引诱孩子学习是很丢脸的事，因此对任何人都保密。然而，在我们家四个孩子**分别考上的学校中，也有不少同学的父母使用这个策略引诱他们学习**，这让我大吃一惊，不禁苦笑。

从问卷调查也可以看出，有很多学生都很希望在获得好成绩时能被赞美。在孩子会主动学习的父母眼中，可能觉得这是“不入流”的教育方法，但我并不在乎是否体面。

受良好教育的列车（升学学校），如果孩子总是没有意愿主动搭乘，那么用尽各种手段也让孩子搭上这班列车，是全天下父母的心。因为一旦搭上了这班列车，就会有很多前往相同目的地的伙伴，驾驶员（老师们）也会用力使劲儿地拉着孩子们向前进。

长子在准备初中升学考试时，非常想要一个大鱼缸，以便让他昂贵的热带鱼可以自由自在地游来游去。父亲利用他的这个想法，跟他订下了奖赏制度的密约。而且还约定只要考试得了第一名，就可以获得一万日元（约人民币 540 元）的高额奖金，这实在让我吃惊。除了前面提到的亲子**共同努力的方法以外，多亏了这个父子密约，让长子学习时的神情完全不同，他变得非常拼命努力。**

这样的奖赏制度不一定每次都有效，而且也有到底是针对结果还是过程给予奖赏等争论。只是，这样的方法在我们家确实奏效了。

虽然这并不是值得赞扬的方法，但也有再怎么说明未来的事也无动于衷的孩子。因此，我认为这个方法比什么都不做、袖手旁观要好。

针对总是没干劲的孩子，寻找适合孩子性格的方法也很重要。而且在孩子年纪越小时越好实行，例如，小学时期，那个时候的成功经验，对孩子而言会成为重要的自信来源。

Ⅲ 培养学习的观念

8 重视结果与重视过程
结果跟过程都重要

问卷调查结果

★ 根据结果“信赏必罚”的教育方法

我们家重视学历，而且是成果导向。**只要成绩好，父母就完全放任我，在家里无论做什么都会被默许。**相反，如果成绩不好，我就会被迫关在房间里学习。虽然我因此进入了名校，能够取得高学历，但我希望我的父母对于孩子未来出路的想象不要那么狭隘。

（东京大学法律系 W 同学）

★ 比起结果，更重视过程的父母

比起结果，我的父母更加重视过程。**当我朝着目标努力用**

功时，他们比谁都支持、协助我。即便高中时模拟考试的成绩是全年级倒数，他们也从未要求我好好学习。

（京都大学经营管理教育学系I同学）

★ 希望父母能教孩子如何享受学习的乐趣

我的父亲是企业经营者，因此，从小**只要是我想做的事，都要求我必须做出一定的成果。**当我想加入少年棒球队时，就要求我如果四年内没有当上队长就退队；当我说想要学网球时，就对我说，如果没有打进东京都大赛，就不要继续学了。这样的教育让我变成了“结果主义”者。

然而，我误以为成果就是一切，在高中社团活动时，我无法理解不像自己如此执着胜负的其他成员的心情，因而跟他们对立了。**我希望父母在教我凡事要“有成果”的同时，也能教我享受乐趣的必要性。**

（一桥大学U同学）

虽然成果很重要，但也要评价努力的过程

社会上不是只要有成果就可以行得通的

究竟应该重视过程还是应该重视成果，这是个大问题，但**最糟糕是无论过程还是成果都不好的情况**。

我的二女儿初中加入的是体育型社团，从早上的晨练到放学后的练习都非常繁重。只要一回到家，她倒在玄关前就能睡着，有时在淋浴时也能睡着。不只是我，就连其他社团成员的家长也对这种影响学业、等同于没有家庭生活的社团指导方式感到非常不满。

如果这样在大赛中取得了好成果，那倒还好，但结果并不是。我们这些家长下定决心，直接找到社团教练说道:“队伍很弱也没关系，希望之后可以稍微减少一点练习的时间。”

而那个教练的回复是:“无论有没有成果，持续每天繁重的练习过程，本身有其运动的意义存在。”这些话，我们听了简直是哑口无言。

社会上确实存在着能够使过程有意义且获得成果的教育方法，所以，我到现在还是无法认同这种让结果和过程都很糟糕

的指导方式。

如果换作是学业呢？不在乎成果，只重视过程的教育是可能的吗？没有人的学习是漫无目标的。跟良师相遇，突然领悟学习的乐趣，就当作是通过学习让自己成长，**也应该要先确认每个地方是否获得了相应的成果，然后再继续学习。**

另外，在问卷调查中可以看到“不只是成果，应该也要重视过程”“希望父母也教我享受学习过程的乐趣”等指正，我也非常理解。

我也曾经在某个时期无论是游戏、玩耍，还是学校活动的竞赛，如果没有拿到第一名就会不高兴，也完全不理解他人，所以我当时的人际关系很不好。**即使获得再好的成果，但变成心胸狭窄的人，跟周围的人处不好，也称不上幸福。**所以，应该让孩子知道，社会上不是只要有成果就可以行得通的。

我认为只要过程是好的，好的成果不久就会随之而来。比起考试之前临时抱佛脚考取好成绩的人，即便有时候考试成绩不理想，**平时就孜孜不倦、勤奋学习的人最后也一定可以获得更好的成果。**

虽然我并不是说不要在乎成果，但我认为夸奖孩子努力改善过程更重要。

9 一定要让孩子上大学吗？
应该继续升学跟并非如此的人之间的差异

问卷调查结果

★ 对有的人而言，进入一流大学没有意义

一般人都认为进入一流大学是最好的，但那并不一定是每个孩子的梦想。所以，父母应该跟孩子好好沟通、尊重他们的意见，这样才能发挥他们的专长，才能对他们的未来有帮助。

（东京大学经济学研究所 H 同学）

★ 并非只有上大学才是通往幸福的道路

就我看到亲戚的升学状况，以及通过母亲听到其他妈妈的经验之谈和辛苦的故事，**我认为有一定数量的孩子，具备“无法上大学”的性格。**例如我有位亲戚，他非常讨厌学习，不顾父母的反对，选择不上大学直接进入维修公司工作。非常喜欢玩机械的他，觉得这份工作非常有意义，而且利用工作数年存下来的钱，购买了自己喜欢的跑车等，很享受自己的人生。

每个人获得成功人生的方法都不同，上大学不是唯一的方法。我难以认同一开始就以“让孩子进入一流的大学”为前提养育孩子的想法。

（东京大学研究所K同学）

普通人还是上大学比较好？
在找到“天职”之前，拓展选项很重要

并不是每个人都适合上大学，但对我来说，**在还没找到“天职”或目标的阶段，进入大学拓展选项这件事情很重要。**当然，上大学不一定就是最好的，但就有无能够拓展自我的视野，给予自己刺激的学习环境其重要性自不待言。

让2006年夏天的高中棒球甲子园球场热血沸腾的田中将大选手和手帕王子（斋藤佑树选手），他们高中毕业后，田中将大进入职业棒球队，而手帕王子则进入了大学，两人成了鲜明的对比。

如果那时田中将大先进入大学的话，我们可能就无法看到他之后被野村教练夸赞“田中将大是神之子，不可思议的孩子”，他在球场上的身影，以及大快人心的表现。**这是很早就确定好目标、一心一意努力的例子。**

另外，在大学棒球打得也很好的斋藤佑树选手，在职业棒球领域跟田中将大有很大的差距，但人生并不是到此就结束。

斋藤佑树选手在大学学到的东西和经验，是田中将大无法体验的，而田中将大进入职业棒球的世界后所经历过的事，也有很多是斋藤佑树选手需要学习的。

年轻的斋藤佑树选手在往后的人生中，能否超越他在棒球上的成绩呢？这可能无法评估（当然，田中将大往后的人生也同样无法评估），只凭现阶段的数字，就断定他高中毕业后没有直接加入职业棒球队是失败的话，有点言之过早。就长远的人生来看，**在年轻时拓展选项，会成为未来重要的投资。**

如果已经找到“天职”的方向，直接步入社会反而可以往那条路精进。但对于大部分还没有那么确定自己的强项和未来目标的孩子而言，进入大学绝对是比较好的。

有很多人在大学期间，第一次体会到求知欲的满足感和获得知识的喜悦，也拓展了长远人生的各种选项和视野。

更重要的是，**在叛逆的青春期，有机会跟很多同龄的人交流、相互影响的意义甚大**。另外，各个行业都是有学历门槛的。

近年来，为了应对少子化、价值观的多样性，以及全球化，各个大学都费尽工夫，新设立了各种专业院系，今后学生可以选择的选项也在不断增多。**可以了解世界的不同、拓展人脉，也可能是找到未来想做的事情的契机**。

虽然世界上有如比尔·盖茨或史蒂夫·乔布斯等天才，觉得上大学很浪费时间而选择退学，但身为普通人的我认为，让还没确定好目标的孩子背负不上大学的不利条件，风险相当高。

10 不要用“唯有读书高”的观念来教育孩子

会学习没什么了不起

问卷调查结果

✶ 只是会学习没什么了不起的

我的父母从未开口要求我学习，反而重视人性和教养方面的教育。可能因为如此，我并不认为“会学习很了不起”。实际上，我到现在也认为，学习会得到好处的只有自己，如果只会学习而没有产出，对其他人完全没有什么贡献。

我认为对孩子说“会学习很了不起”“很会学习很棒”是不恰当的。因为**那有可能让孩子误以为自己会学习就很厉害。**用学习获得的知识和观点实现个人欲望是个人的自由，不应被责骂，但也不应该被夸赞。

（东京大学信息理工学系研究所T同学）

✶ **学习并非“不可不做”的事，**

而是“做到的话也很好”的事

我在高中毕业之前，父母从未干涉过我的学业。另外，我成绩好的时候他们虽然会夸奖我，但不好的时候也从未生气过。因此，我从不觉得学习是为了父母，反而全是为了自己。**我非常感谢父母教导我，学习并非“不可不做”的事，而是“做到的话也很好”的事这个道理。**

（京都大学经济学系 F 同学）

父母的话会影响孩子的价值观

太过夸赞学习成绩，长大之后价值观会偏差

即便父母只是在家里发表了有失偏颇的言论，孩子在外面也有可能会直接说出来，而这些言论也会影响孩子的价值观，更有甚者会直接变成孩子的价值观。

有一位和我关系不错的小学校长经常说：“孩子的道德教育要跟父母一起实施，否则就没有什么用。”**孩子正在上小学**

的父母，如果是用排名来评断一个人价值的成绩至上主义者，那孩子的价值观也差不多是那样的。

在我家四个小孩上的补习班中，无论是哪个年级的班，都会有好几对亲子档，觉得只要考取好成绩，就宛如取得了天下。不过是初中入学考试的成绩，也不能保证一辈子都保持第一名，但言行举止却瞧不起其他人，而且本人还完全不自知。

社会上有很多虽然没有学历、但努力工作奉献社会的优秀的人，也有很多高学历、却没有对社会做出贡献的人。

如果把从事艺术或运动以贡献社会的人也算进去，没有什么比单纯以补习班或学校考试成绩跟他人做比较，就以为自己所向无敌这件事情还要令人羞愧。

如果父母谦逊，而且拥有正确的价值观，孩子应该不会变成傲慢无礼的人。然而，也有虽然成绩好，但情感表达欠佳、缺乏社交能力，连打招呼都做不好的孩子。如果在成长过程中遇到挫折，能领悟到只凭好成绩是无法立足于社会的话那还好，但可悲的是，有很多人一辈子都没有领悟到这件事。

真正优秀的人，本身的品格就很优异，**言行举止都能为他**

人着想，谦虚态度也自然流露。

与之相比，越是二流的人才，越是傲慢摆架子，即便专业领域的知识非常丰富，终究也只是个二流之辈。

一流的人才无须摆架子，虽然谦虚但气质自然外露，能逐渐赢得周围的敬重。

俗话说："越是有见识的人，越谦虚和低调。"**为了养育出谦和的孩子，父母的价值观和道德观是相当重要的。**

把提升考试成绩当作是终极目标的教养方法，只会把孩子教育成以毕业学校的排名作为唯一自尊心来源且心胸狭窄的人，并会创造出只会用考试成绩或学校排名评断他人、俗不可耐的人。

Chapter 5 重点

让孩子萌生强烈的追求知识之心

在本章我们一起思考了如何让孩子养成学习的习惯。不限于本次的问卷调查，还有非常多培养出优秀孩子的家长都提到“不强迫孩子学习”的重要性。

然而，仔细观察实际的状况，那绝对不是什么都不做，单纯地放任不管。

我们得知，有很多家长努力尝试各种方法刺激孩子，提高孩子的动力。另外，他们认为放任孩子独立自主能够产生效果的前提是，必须把孩子放置于良好的学习环境中。

让孩子产生学习的动力源泉有很多，其中又以父母本身的学习习惯最为重要。因为父母不必多说什么，孩子会主动模仿父母的行为。

本章讨论了该如何让孩子主动学习，而在那之前更重要的是，从如何“提升孩子基本的学习能力”中可以获得更多启示。

这里所说的“学习能力”，并不是指考试是否能取得好成绩这样狭隘的概念，而是指拥有强烈的好奇心，能够如海绵吸水般汲取知识的学习习惯。为培养孩子作为未来在社会生存技能的学习习惯，父母又该注意些什么呢？

以下，就来回顾本章讨论过的内容重点。

✶ 养成习惯

1. 不要强迫孩子学习

你是否会强迫孩子学习呢？强迫孩子学习只会适得其反，教育最重要的是让孩子体会学习的乐趣。

2. 在幼年时期培养孩子的学习习惯

你帮助孩子养成学习的习惯了吗？幼年时期的学习最重要的是，能否养成学习习惯。比起长大之后，在幼年时期比较容易养成学习习惯。

3. 用有趣的方式发挥孩子的思考能力

你是否一边刺激孩子的兴趣，一边发挥孩子的思考能力呢？用类似游戏般有趣的方式，锻炼孩子基础的思考能力吧。

✶ 给予学习的动机

4. 让孩子了解学习的好处

你让孩子了解学习的意义了吗？如果孩子不了解学习的意

义为何，是不会主动坐在书桌前学习的。

5. 学习环境决定了孩子未来的一大半

你是否有让孩子置身于良好的学习环境呢？青春期的孩子受到同年龄层朋友的影响最大。把孩子置身于良好的学习环境中，让他更积极地追求成长吧。

6. 培养孩子学习的竞争意识

你让孩子具备未来进入竞争社会生存的能力了吗？如果过度保护，是无法在现实社会的竞争中存活下来的。在进入严峻的竞争社会之前，先培养孩子的竞争意识与学习胜出的方法吧。

7. 可否给予孩子奖赏呢?

你是否会因为孩子不爱学习就放弃了呢？放任孩子不管，也能够独立自主学习的，只有一部分的天才而已。大多数的孩子如果不利用各种方式提高动力，是不会主动学习的。

✶ 培养学习的观念

8. 重视结果与重视过程

你是否只用孩子的考试成绩来判断学习的好坏呢？如果不

同时重视结果与过程，孩子的视野会变得狭小，而后逐渐变得不努力改善过程，被结果蒙蔽了双眼。

9. 一定要让孩子上大学吗？

你是否一定要孩子上大学不可？不是排名靠前的学校就是最好的选择，父母应该要顺应孩子的性格和未来的目标，协助孩子选择符合他们未来梦想的选项。但是，当目标还不明确的时候，进入大学增加选项也很重要。

10. 不要用“唯有读书高”的观念来教育孩子

你是否只用成绩来评断孩子呢？比起很会学习，如果不以多元的价值观和标准来教养孩子，孩子只会变成重视学校考试的人，是无法培养出丰富型的人格。

6
Chapter

让孩子学习『读书以外的东西』

比起考试，家教才是孩子一辈子的财产

幼时的家教及父母的言行举止，会左右孩子的未来

前几天刚好有机会跟三位哈佛大学的毕业生在家里开烤肉派对，**让我很佩服的是，她们的教养真的是太好了。**

想知道所谓的年轻精英将来是否能成为一流人才，开个烤肉派对就可以掌握得一清二楚，这么说一点儿也不为过。一流的精英会率先去采购烤肉要用的食材，自己动手烤五花肉、倒啤酒，而且还会买丰富的点心和伴手礼来访。彼此礼让座位，会马上把哭闹不休的孩子带离现场。从外面回到家时，也会把换下的鞋子排列得整整齐齐。礼仪教养之好，就连派对结束时，也会把碗盘都洗干净后才回家。

归根结底，**一流的精英走到哪里，教养就会跟到哪里，他们会主动去做对周围人有帮助的事。**

跟她们一比，我反而什么都没做，一屁股坐在正中间的位置吃着最好吃的五花肉，然而，那时的我突然觉得这是确认撰

写本书内容的大好机会。我就问她们:“现在我跟母亲一起撰写关于领导能力的育儿书，你们回顾自己的家庭教育经历，觉得什么是最重要的，想要教给自己的孩子什么呢？”她们不约而同地回答了以下三点:

“想让孩子挑战各种事物，拓展孩子的视野与刺激好奇心。”

“不唠叨孩子要好好学习。”

“严格管教孩子。”

这三点也是我向非常值得尊敬且优秀的商业领袖询问家庭教育方法时，最常被列举出来的重点，其中前面两点已经在本书前面的章节讨论过了。因此，本章就来讨论尚未论及的“家教”的具体内容。问卷调查的回答都集中于下面六点。

培养孩子的自制力、为他人着想的同理心与良好的教养

1. 自制力与体贴他人的心
2. 培养正确的金钱观念
3. 培养良好的教养与感受性

以身为教引导孩子

4.“分工合作”的管教方式

5. 父母的对话会影响孩子的品格

6. 孩子会模仿父母

只是智商高、学历高的“死读书”的精英，跟一流的专业人才相比，两者之间的差异大多就在于家教，也就是“自制力”的有无。

例如，“不可以迟到”“不可以浪费”“有明确的原则（学习的时候好好学习，玩的时候就好好地玩）”“不可以偷懒不写功课”等，大多是基本的生活习惯，**但律己的自制力，确实是步入社会之后区分一流与二流人才的重要素养。**

从未受到父母的管教，也不曾要求好好学习的“一流人才”出乎意料地多。为了撰写本书，我总是缠着特别优秀的友人，仔细询问他们：“你小时候的家庭教育是什么样的呢？”很多人都回答，放任孩子独立自主，从来没被要求过什么。他们的父母不是东大、坂大等大学的教授，只是本身很爱学习的人，孩子不用被要求，自然而然就会模仿父母的行为。

仔细想想，在商业上取得成功、出人头地的人，他们的父母都是学校老师，这类例子之多，令人吃惊。当然，是大学教授还是普通的学校老师并不重要，重要的是父母本身的学习习惯与平时的言行举止，在不知不觉之间影响了孩子。

前面的章节也提到，也是贯穿本书、反复不断出现的主题，**父母的言行举止会直接影响孩子**，这一点应该要谨记在心。

另外，教导孩子顾及他人的感受，对任何人都抱持敬意、有礼貌地待人接物等礼仪，这些左右未来人际关系的重要习惯，在幼年时期就被父母的管教决定好了。此外，不只是学历或金钱等身外之物，在本章也会讨论到以丰富的教养，培养孩子深厚内涵与渊博见识的重要性。

那么，接下来就跟着南瓜夫人一起来思考，孩子如何养成能发挥未来的领导能力和与自制力息息相关的生活习惯，也就是品格教育的重要性。

培养孩子的自制力、为他人着想的同理心与良好的教养

1 自制力与体贴他人的心 有家教的孩子才可爱

问卷调查结果

★ **在幼年时期严格管教，之后就放任孩子独立自主**

我的父母从我幼年时期到上小学、初中之前，都很细心且严格地管教我，在那之后，就采取尊重孩子自主性的教育方法。

（名古屋大学 K 同学）

★ **在义务教育期间，塑造良好的品格**

我希望在义务教育期间父母能够帮助我塑造良好的品格，并通过那样的教育，了解到学习的重要性与身为精英所背负的

社会责任和意义，主动以东大或海外知名大学为目标，努力学习。

（东京大学法律系 M 同学）

★ 提供孩子重视品格的教育

在中国，很多家庭都要求孩子努力学习。**比起成绩，我希望父母更加重视品格的教育。**

（京都大学公共政策研究所 C 同学　中国留学生）

严格管教

待人接物的方式、礼仪和自制力决定了品格

很多父母都想让孩子好好学习，但是道德教育却容易被忽略。这意味着，孩子长大成人之后，跟其他人比较时容易被拉开差距，因为孩子品格的培养关键就在于幼年时期的家教。

管教的首要任务是**培养孩子的自制力**。例如，“就算觉得麻烦，也要好好整理身边的东西”“即使讨厌，现在就是要写作业”“即便有其他要做的事，也要严格遵守时间”等，皆是自制。

另外，在此也要特别强调教育孩子待人接物的方式和顾及他人感受的重要性。对待餐厅服务员、出租车司机、饭店接待员的方式等，**父母待人接物方式的友好（与粗暴）程度会直接影响孩子**。幼年时期模仿父母学到的东西，长大之后很难改掉。

而对孩子进行品格教育的最大障碍就是父母的溺爱。**幼龄孩童的可爱模样使得父母的爱变得盲目，从而让管教不断往后顺延**。一般人不会太在意小孩子的家教好与不好，但上初中之后就会变得非常明显。然而，那时才想要改掉就不那么容易了。

自己的孩子没有家教，父母可能还觉得可爱，但**从他人的角度来看，有家教的孩子才是可爱的或是有魅力的**。

武贵在本书开头写道，即便两者都很聪明，却有工作能力与人脉的差异，这是为什么呢？正是因为幼年时期培养出来的自制力、待人接物的礼仪，以及有无良好品格所带来的差异。

很多人都非常感谢父母曾好好地管教自己。

另外，我们也听到了“希望父母可以给予孩子良好品格的教育”的意见。

如果孩子欠缺自制力，待人接物就会很失礼，步入社会之后辛苦的是他自己。没有用心管教孩子的父母必须要做好心理准备，孩子未来的路必定是艰难又险峻的。

2 培养正确的金钱观念
如果不会管理金钱，赚再多也只是自取灭亡

问卷调查结果

★ 母亲特别强调金钱的重要性

从小我就被严格教育的是“金钱的重要性”。我们家没有父亲，母亲一手养大我们兄弟四人。当吃着简单的饭菜或跟朋友间有经济差距而感觉到贫穷时，母亲就会跟我们诉说有钱的重要性。

（东京大学经济学研究所N同学）

★ 帮助孩子养成适当的金钱观念

我希望父母可以多加强孩子金钱观念的教育。进入大学之后，发现有越来越多一个人住的朋友，**他们的金钱观念和我有很大的差异**。具体而言，一个人住的朋友能够自己掌握生活费，以及各种费用的支出，但我却什么都不懂，问父母也只会一味地回答我：“小孩子不用管这个。”

（某大学研究所S同学）

✶ **让孩子对赚钱感到有罪恶感**

我们家完全禁止零用钱和打工，因此欠缺经济观念的教育，也让我对赚钱这件事抱有罪恶感。

（早稻田大学 M 同学）

金钱观念最重要的是要有计划性

给孩子一年的零用钱，让他学习管理金钱

孩子能够自力更生，根据自己的判断过日子，没有什么比拥有正确的金钱观念更重要的了。

可能是受到当时文化的影响，社会风气是只要谈到钱就是粗俗的。然而，**亲子之间绝对不可以把这样的话题当作禁忌。**

特别是经济不太富裕的家庭，许多父母都不想让孩子烦恼钱的事。谈到教育费时更是如此，跟富裕家庭的子女相比，因为经济因素有很大差距，就会觉得自己的孩子很可怜。

虽说如此，但人不可能一辈子对金钱无知。教导孩子保持收支平衡，或是即便有余裕也不可以把钱用在不应该花的地方等金钱观念，是父母的责任。金钱这个话题，特别是同时也谈到赚钱时，经常会被归类为粗俗的话题，但这是严重的错误观念。**教导孩子辛苦打拼，提供自己的专业、技能或资产以获得对等价值的机制，是没有高尚或粗俗之分的。**

向孩子阐明勤勉、诚实工作的重要性，告诉孩子想不费力气赚钱、去做不正当工作或沉迷赌博之人的悲惨结局，也都是父母的职责。

另外，父母也应该让孩子拥有具体的金钱管理能力，学习如何有计划性地使用金钱。

关于金钱的管理，我有位熟人，他会**一次给孩子一年的零用钱，让孩子学习管理零用钱并记账。**

从问卷调查的回答可以看出，父母不应该逐一购买学校或生活的必需品给孩子，而应该将所需资金一次性全部交给孩子，让孩子自行安排如何使用。上大学之后开始让孩子自己管理生活费和学费的方式，对于帮助孩子建立使用金钱应有的观念，会有不错的效果。

说到这个，某家造纸公司的公子哥，使用自家专机来回四国只为在东京的家庭教师家中学习，但他每年花在赌博上的钱高得惊人，甚至还罹患赌博成瘾症，并且还背上了特别背信罪。

即使家里特别富裕，也有不少人因为没有正确的金钱观念，而在短时间内破产。无论是富是贫，都应该牢记**金钱观念会左右我们的人生**。

3 培养良好的教养与感受性
增加在家里接触艺术的机会

问卷调查结果

★ 父母给了我很多接触艺术的机会

在我上初中之前，**父母给予我很多接触艺术的机会，刺激我的感受性**。可能与父母都是从事音乐工作有关系，虽然年纪尚小，但切实感受到自己在被好音乐围绕的环境下长大。初高中时，虽然从来没被父母说过“好好学习”，但让我亲近美术和其他艺术，对我日后形成感性认知的影响很大。

（东京大学工学系研究所 W 同学）

★ 如果只会学习，太乏味了

我的父母有着深厚的教养，我在经常外出欣赏戏剧和听音乐会的家庭环境下长大。父母的访客也很多，**在旁边听着他们愉快地谈论文化与艺术，让我深刻理解只会学校教的科目是多么的平庸乏味**。我也因此自然而然地喜欢上参观美术馆和聆听音乐会。

（东京大学 K 同学）

学历高但没有教养的人就是肤浅

有无学历跟有无教养是两回事

有无教养和艺术的感知，是区分只会“死读书”的精英、暴发户与受人尊敬的一流人物的重要因素之一。在此特别强调教养的重要性，是因为从政治人物到领袖，他们欠缺教养、感性对话能力的样子实在太过醒目。

几乎所有政治人物的学历都很高，**担任要职的人发言与答辩时，只要看着准备好的演讲稿，大多不会出问题**。但是，当碰到意料之外的问题时，有的人发言水准之低，能瞬间摧毁掉在大家心中建立起来的信赖感。而国会发言的低水准更是家常便饭。

教养不是用来卖弄的，而是自然流露的，没教养的、蛮横的态度是无法遮掩的。

另外，我很幸运有机会跟几位高学历、享有盛名的世界级学者会面。每次碰面时，都让我再次体会原来一流人才是这样的。**他们是受到大家尊敬、信赖的人，共通点是在短暂的对话、仪态以及他们撰写的文章中都会流露出深厚的教养和丰富**

的艺术感知。

从他们的成就和地位来看，如此谦逊的态度，让我十分疑惑。他们书写和与人对话时使用的话语不仅一点儿也没瞧不起人，反而对任何人总是谦虚有礼、相当注意对方的感受。

跟这样的人谈话时，我一定会询问其幼年时期的成长环境与受到的教育，而**他们的父母大多是有教养的人，都是在能够培养深厚教养的环境下长大。**

教养和丰富的感知，是在孩子幼年时期就让他体验各种事物，或者是阅读、亲近艺术的过程中培养出来的。日本的孩子从小就进入了考试模式，那段期间之长，使得很多孩子没办法顺利地度过叛逆的青春期。

尽管如此，只要父母想做，应该也可以在孩子的人生中创造出接触阅读、亲近艺术的机会。

很可惜的是，现在的学校教育体系即便有应对考试的策略，却无法寄托期望能够培养出孩子深厚的教养。正因为如此，**在家庭中提供让孩子接触艺术的机会就变得很重要。**

无论有无学历或财富，教养都是必须具备的东西。不应该把孩子养育成高学历、高收入，却没有教养、品行差的人。

Ⅱ 以身为教引导孩子

4 “分工合作”的管教方式
想成为受孩子尊敬的父母，应该怎么做？

问卷调查结果

✶ 父亲扮红脸，母亲扮白脸

在父亲的严厉和母亲的慈爱间取得平衡很重要。父亲是经常要求我自己思考“我应该做什么”的人。虽然到了某个年龄之后，我自然地可以独立思考，但小时候父亲对我而言是相当严厉的。

另外，**母亲没有那样严厉的一面，当我觉得难过时她总是温柔地安慰我**。我认为，因为有母亲在，我才没有逃离父亲严厉的教育，顺利成长，现在得以自己独立思考，并拥有明确的自我意识和采取行动的能力。

（东京大学工学系研究所F同学）

✶ 父母的工作分配很明确

“父母的工作分配、位置关系明确”是我们家的特征。也就是说，父亲是“最后做决定，扮严厉的红脸”，而母亲则是“可以直接沟通的白脸”，家庭关系的工作分配明确，以父亲作为最重要的角色。

但关键人物则是母亲。**若日常生活中，母亲看不起父亲的发言，一旦进入叛逆期，孩子就不会听从父亲的话了。**

（早稻田大学先进理工学系研究所 E 同学）

红脸和白脸的平衡很重要

当一方严厉时，另一方就要温柔地从旁协助

只一味严厉地管教孩子，孩子会误以为自己被父母疏远了，从而听不进父母的建议。

我的先生经常跟孩子们起冲突。社会上虽然很流行“像朋友一样的亲子关系”，但我先生绝对无法接受这样的观念。当孩子们有欠缺思虑的言行时，我先生严厉的说教就会没完没

了。此时在适当的时机把两人分开之后，就轮到我上场了。

面对先生，我会先帮孩子们辩解他们是怎么想的，跟他约定好等会儿再好好规劝孩子们。同时我也会向先生说明，**他斥责的方式太过严厉，只会流于情绪化，而失去效果**。在面对孩子们时，我会先说明父亲为什么生气，他在意的地方在哪里，以后要多注意等，然后请孩子们向父亲道歉。

虽然有时候我会跟双方说类似“他也尊重你的建议”的“善意谎言”，但和事佬做到这样的地步是不会白费工夫的。

在问卷调查中，学生们已经很明确地指出，父亲跟母亲应该分配好工作。**夫妻一方如果管教严格，另一方就要扮演慈祥的角色**。在父亲很严厉的家庭中，将父亲的想法传达给孩子，担任串联两者的任务是母亲的重要工作。正因为有那样的母亲存在，能忍受严厉父亲的孩子才意外地多。

但也有不少母亲，不仅没有搭起串联双方的桥梁，反而经常嘲讽父亲。另外，把母亲当作是佣人般使唤的父亲也不少。

父母的关系如何，或者是夫妻彼此怎么跟孩子讲另一半的事，对孩子会有很大的影响。

为了让家庭拥有管教孩子的功能，夫妻必须彼此尊重。然后，当夫妻任一方过于严厉或过于慈祥时，另一方就应该担任从旁协助的角色，让孩子可以尊重自己的父母。

同时，在此阐述的观念，即便是单亲家庭也很重要。管教孩子时最重要的在于，父母必须在严厉与慈祥之间取得平衡，并且受到孩子的尊重。

5 父母的对话会影响孩子的品格
“那句话”可能会扯孩子的后腿

问卷调查结果

★ 父母对话的知识和涵养高低，决定了孩子的品格

我父母的知识和涵养都很高，家里的对话大多是以社会、文化和艺术为主题。**我的观念也受到了父母对话的影响。**父亲经常说，努力大家都会，即便有才能，能够在社会中生存下来的只有一部分人。

另外，父亲经常挂在嘴上的是，**“求快不如求好，没有做出高水准的产出就不是专业的人。”**他们从未对我学校的功课说过什么。

（东京大学医学系研究所 M 同学）

★ 父母的偏见会传染给孩子

在不会分辨偏见的幼年时期，父母的很多偏见都灌输到了我身上。例如，“学生会的活动会影响学习，所以不应该参

加”“私立高中是考不上公立高中的孩子才去的（因为我老家是乡下，当地到现在还是以上公立高中为主）”等。**希望父母能自知，自己无心的发言也会影响孩子对社会的认识。**

（早稻田大学会计学研究所 A 同学）

在孩子面前即便是开玩笑，也不应发言有偏见

不论是好是坏，孩子都照单全收

孩子的思考方式与价值观是好是坏，都会受到父母言行的影响。

在孩子还未明确建立善恶标准时，**父母的对话会烙印在孩子的潜意识里**。即使只是小小的偏见，也会深深地印在孩子的脑海中。

我家长子在小学二年级那年，有一次去同学家拜访时，被同学的父亲说：“是你啊，你不要跟我家孩子玩，给我回去。”虽然不清楚那位父亲是因为什么理由这样说的，但就班级老师

所说，应该是对某些事有偏见吧。

那时孩子们还是天真无邪地一起玩游戏的伙伴，但老师还是非常担忧，**怕那个孩子会染上父母的偏见**。

小孩子没有真心话跟场面话的概念。即使父母用夸张的语气说坏话，孩子也只会全盘接受。

长子在幼儿园时，有一次老师提醒家长："请爸爸妈妈不要跟孩子说：'这是你跟我的秘密。'因为**孩子会连同'这是你跟我的秘密'这句话，把所有的事都跟我说。**"

据长子小学二年级时的班级老师所说，在孩子上小学后这样的情况并没有改变。某个小学四年级孩子的母亲在家里说过"现在的老师偏心"或是"一副高高在上的样子，真让人不愉快"等批评老师的话，孩子到学校之后，把母亲所说的话全跟老师说了。

对父母而言，只在家里说的话是比较特殊或私密的话，但对孩子而言这些话跟普通谈话无异。大人可能习惯讲别人的八卦或坏话，**但绝对不可以忘记孩子是纯洁的**。在孩子还小、思想还很纯洁的时期，父母如果讲出有偏见或言辞不当的发言，会对孩子的价值观有很大的影响。

狭隘的想法和偏见只能适用于小团体。**当孩子想要展翅飞向广阔的世界时，这样的价值观会成为阻碍他们的枷锁**。让孩子背负这样不利的条件，应该不是父母所期望的。

问卷调查中，学生们的回答也是一样。对孩子而言，如果最亲近的父母之间的对话是有素养、有内涵的话，孩子会受到非常好的影响。相反，如果父母的言行充满偏见，孩子必须花很长的时间才会察觉到那是偏见。

6 孩子会模仿父母
你是否言行一致呢?

问卷调查结果

★ 父母不用开口说，孩子自己就会模仿

我父母应该是属于重视“自由”的家长，但现在回想起来，我觉得他们有切实地教育我“不可以做的事就是不可以做”的原则，具体来说，就是不可以抽烟。我父母也通过言行，教会了我这个道理。

孩子虽然不会完全听父母的话，但会模仿父母的行为。因此，**如果父母都爱阅读，孩子早晚也会爱上阅读**。而我父母也是自己先戒烟之后，才向我讲述不抽烟的重要性。

（庆应义塾大学综合政策学系 K 同学）

★ 看着父母的身影，让我体悟到学习的重要

小学时期父母时常唠叨我要好好学习，上初中之后就不太念叨了。**但是，因为父母本身就很喜爱学习，看着他们的身**

影，我也自然地了解到学习的重要性。将来我希望以重视孩子自主性的方式来养育我的孩子。然后，我希望自己与其说，不如用行动来教育孩子。

（东京大学工学系研究所I同学）

★ 父亲做了最好的示范给我看

我认为父亲用身体力行的方式教育了我。有一天父亲回家时因为右脚受伤而流血不止，虽然伤势严重，但他脸上仍然挂着笑容。父亲教会了我，**独当一面的男人即便痛苦，也不应该露出痛苦的表情，应该笑着面对一切。**

（早稻田大学政治经济学系M同学）

父母做不到的事，要求孩子也没用

父母不努力，孩子也无法努力

有句话说，孩子是父母的镜子。孩子是纯洁地诞生到这世上的，因此会看着父母的姿势和举止成长，连食物、嗜好以及思考方式都会自然地模仿父母。如果**父母只出钱却一点儿也不努力，即使为孩子准备好了所有的学习用具，孩子也不会想要努力。**

有位父亲是企业家，所以给了孩子一间很大的房间，为孩子上补习班等投资了许多教育费用，但孩子却无论如何也不会主动地去学习。

仔细询问，才知道父母只会喋喋不休地念叨孩子："你有没有好好学习啊？""再多用功一点儿。"自己则跑去打高尔夫、唱卡拉 OK，或是参加其他社交活动，经常外出不在家，在家时就坐在电视机前看电视。而父母真正的想法则是，只要存好孩子进入大学所需的费用，孩子读哪所大学都好，只要拿到大学毕业证书，之后让他继承家业就稳如泰山了。

父母嘴巴说的、脑袋想的，跟实际做的完全不一致，所以即便孩子听见了父母的话也不可能想要好好努力。

另外，从这次的问卷调查中可以看到，**父母喜欢学习，孩子看着父母阅读和学习的身影长大，自然而然也会喜欢上学习。**

也有的人表示，看着父母勤勉工作的姿态长大，或是看着父母烦恼着如何经营家业、维持家计的身影，觉得自己应该要努力。

比起父母的说教，孩子更容易受到父母言行举止的影响。

极为平凡的家庭养育出优秀的孩子时，经常会被说“歹竹出好笋”，但我觉得这不过**只是周围的人觉得父母是歹竹，实际上父母的本质却是好笋。**

虽然其中也有将父母当作是负面教材，自己非常认真努力的孩子，但父母不应该有这样的期待。

父母自己做不到的事，即使要求孩子，他们也是听不进去的。让孩子看着父母诚恳、努力的身影，以言行一致、以身为教的方式教育孩子，应该是为人父母的基本素养。

Chapter 6 重点

比起考试成绩，幼年时期的管教更能左右孩子的未来

幼年时期的管教，例如，自制力、体谅他人、教养、金钱观念以及良好生活习惯的养成等，都会影响孩子一辈子。

“有其他人在的地方不要大声说话”“玄关前鞋子要摆放整齐”“如果从别人那里获得了什么，应该有礼貌地道谢”“不要浪费”“要遵守约定的时间”等虽然都是微不足道的习惯，但出乎意料的是，很多人都没有养成这些理所当然的生活习惯。因此，好好管教孩子，让孩子养成这些理所当然的习惯，未来会因此跟其他人拉开差距。

特别是待人接物和礼仪具有绝对的重要性。长大后对交往对象感到幻灭的理由，其中最常被举例的是在餐厅用餐时对服务员态度粗鲁，因为这也是面对出租车司机、公司秘书、员工等帮自己做事情之人的基本态度，对人际关系有非常大的影响。

这些基础的礼仪和待人接物的方式，孩子不需要是神童，也不必进入一流大学就能学到。然而，这些基本习惯比起头脑聪明和高学历，对人生成功与否的影响更大。

这一章里也写到，孩子有家教，才能得到其他人的喜爱。为了孩子拥有被社会喜爱的品格，父母应该让孩子养成除了学习以外的礼仪、社会常识和教养。

对孩子的基本教导与其他章节是相同的，但是父母日常生活的言行举止，会对孩子的基础人格有很大的影响。

那么，最后就来回顾本章的学习重点吧。

★ 培养孩子的自制力、为他人着想的同理心与良好的教养

1. 自制力与体贴他人的心

你的教育方式是否偏重排名与考试成绩呢？虽然学习很重要，但是在未来会跟其他人产生差距的是，有无自制力与体贴他人之心的品格教育。有无“整理”“不浪费”“不迟到”“重礼仪”“待人有礼”等习惯，会左右孩子的一生。如果父母不好好管教孩子，将来苦的是孩子自己。

2. 培养正确的金钱观念

你帮助孩子培养正确的金钱观念了吗？正确的金钱观念是自力更生所需条件中最重要的素养之一。请父母在孩子幼年时期，让孩子知晓赚钱的辛苦、珍惜金钱及合理使用金钱的重要性。

3. 培养良好的教养与感受性

你是否在帮助孩子培养良好的教养与对艺术的感受性？即便有高学历、高阅历，但若没有品性跟教养，也不值得尊敬。

✶ 以身为教引导孩子

4.“分工合作”的管教方式

你是否过度严格管教，让孩子觉得喘不过气呢？管教的严厉程度跟孩子感受到的爱，两者的平衡很重要。管教太严格，会使孩子怀疑父母对自己的爱，反而是本末倒置。

5. 父母的对话会塑造孩子的性格

你在孩子面前说话时是否注意过呢？父母的偏见和见识会直接影响孩子的品格。不被社会偏见所蒙蔽，能够理解受偏见之苦的人们的心情和观点，这样有内涵的品格才是值得尊敬的。

6. 孩子会模仿父母

你是否以身作则，以自己为榜样管教孩子呢？孩子会模仿父母的行为。父母不严以律己，却想要管教好孩子是不可能的。

7
Chapter

让孩子感受到『不求回报的爱』

父母最重要的工作

在温馨的家庭环境中养育孩子，培养出“被他人接受的自信”

“一流的教养”旅程终于来到最后一章。在最终章想要跟各位说的概念只有一个，**请从幼年时期开始培养孩子“自己是被爱着、被信赖着、被接受着”的自信根源。**

不久前，我参加了一位后辈的结婚典礼，他在某一流跨国顾问集团的上海办公室工作。他们的结婚典礼洋溢着对彼此的爱情，令人感动不已。

婚礼中，新郎的上司在致辞时夸赞了新郎，还介绍了他进入公司的来龙去脉，实在非常符合他的性格。他在那家公司的招聘结束之后才写信、打电话过去询问，总而言之，就是不断推销自己，希望给他机会面试。后来公司人事回复说：“你这么想进我们公司，那就来试试看吧。”就这样他成功地进了这家公司，而这也让我想起他第一次拜访我时的情景。

我在中国香港的家中舒适地休息时，某天，小我十岁的他毫无征兆地突然拜访了我，说："我是你大学的学弟，现在在香港大学留学，无论如何都想跟你见一面。"。

顺带一提，在那个结婚典礼上我碰到了同行业的熟人，她之所以会出席是因为**"新郎在就职活动中突然跑来参加会谈，虽然最后没有录用他，但之后一直都有保持联络"**，这个原因真令人惊讶。

就在我正在写这段文字的时候，有一位在我前公司实习的首尔大学学生与我联络。他说刚好来到我所在的城市，想要碰个面。说起来，**他在实习的时候，虽然我们在工作上没有交集，但他跟我也一直保持着友善的关系。**

回想起来，他在实习时我们曾经一起吃过好几次饭。一般来讲，大部分的人都会避免跟相当于上司的人私下里有交集。他能够做到这样，在职位高的人来看应该会变成"可爱的小伙子"。再仔细询问，他进入公司不到半年，就已经通过自己的人脉成功为公司拉来了投资，想必他应该很快就会被公司提拔吧。

无论在哪个行业，但凡年纪轻轻就出人头地的人，他们的特征不在于聪明与否，**而是被业界重要人物疼爱，有“长辈缘”**。这样的人所拥有的“突袭力”，很多时候是源自“从小就被年长的大人们疼爱”的原始体验。

这种“被接受的自信”其中一个重要因素，应该就是幼年时期被父母灌注了丰富的不求回报的爱。“即使突袭也会被接受”这种极大的自信，在幼年时期就被安装好自己的“基本人格”应用程序。

在孩子小的时候能够给予多少，在前面章节讨论过的“好好管教”与“自己是被爱着、被信赖着、被接受着”的感觉，是帮助孩子建立人脉和自我实现时的重要资产。

询问拥有这种自信的人们是在怎么样的家庭环境下长大的，大致有以下的回答：

在温馨自在的环境下发挥孩子的才能

1. 用正面思考培养孩子积极、豁达的性格
2. 父母之间绝对不可以诋毁对方

3. 不要跟其他孩子比较

4. 使用正确的夸奖方式，发挥孩子的专长

用不求回报的爱守护孩子

5. 有耐心地面对孩子的脱序行为

6. 让信赖围绕着孩子

7. 给予孩子不求回报的爱

坚信“自己被爱着”的人，大部分都在有满满的爱、温馨的家庭环境下长大，而且父母感情和睦，**从未怀疑过父母对自己的爱。也因为被父母信赖，因此能够信赖自己跟他人。**

另外，因为周围基本上都是好人，因此跟人相处是以“人性本善”为基础。然后，信赖他人、爱他人，同时也回馈到自己身上，形成良好的人际关系循环。

以“一流的教养”为中心主题的本书，也终于来到最终章。接下来，让我们展开旅程，学习如何培养孩子被人所爱，并具体讨论来自信赖的自信的重要性。

Ⅰ　在温馨自在的环境下发挥孩子的才能

1 用正面思考培养孩子积极、豁达的性格

母亲的笑容胜过太阳的光辉

问卷调查结果

★ **把孩子养育成即便是小事也能感到幸福的人**

把孩子养育成心胸宽阔、小事也能感到幸福的人，这对孩子而言是最好的。因此，我认为，虽然说不上是自由放任，但**不让孩子感到死板拘束的教育方式是最好的。**

我的父母性格开朗、尊重并体贴彼此，这对孩子在品行上的教育，有非常好的影响。

（京都大学经济学系 S 同学）

✶ 无论发生什么事，家里的气氛总是轻松自在

无论发生什么事，家里总是充满着“不能让享受人生的机会从手中溜走”的轻松、自在气氛。针对我的成绩，父母并没有使用胡萝卜加棍棒的方法，因为学习最终还是要依据孩子自己的意思。父母让我自己做判断，去做喜欢的事，而这也教会了我“一分耕耘，一分收获”的道理。另外，他们也是时常正面思考的父母。

（东京大学法律系 N 同学）

如何才能养育出“总是体贴温柔、积极正面的人”呢？

父母如果太啰唆，是无法养育出开朗的孩子

感觉被爱着，被开朗又温馨的家庭养育的孩子，大多很有自信。**这种强大的自信心，若是没能在那样环境下长大的人想要拥有，说要花上数十年也不为过。**如此看来，社会其实是不公平的。

在我的高中时代，有位名叫真理的同学，她无论对谁都很温柔，笑容灿烂、笑脸常开。不仅绝对不说他人的坏话，而且当大家在说某个人坏话时，她总是能指出被说坏话之人的优点，并劝告在场的人。真理非常温柔，凡事都能正面思考，无论是谁都非常喜欢且信赖她。

我是第一次交到像真理这样的朋友。我一直很疑惑，要怎么做才能像真理一样对谁都很温柔，总是能给大家提供开朗正面的话题呢？

当我受邀第一次去她家时，瞬间就明白了，那是因为她的教养很好。

那时，二战结束还不到20年，东京奥运会还没举办的年代（大概是1964年）。她跟她的妹妹在庭院用屋瓦搭架而成的烤肉架烤肉，热情地招待着我。

我还吃了她们两姐妹烤的饼干。她们牙科医师的父母也会在看诊空当来跟我打招呼，明明应该是我要道谢的场合，他们却对我表示谢意：**“很高兴能见到女儿最好的朋友。”**从这句话中，就可以知道真理姐妹多么地被父母珍惜、重视。

走进真理的家对我而言，就像是进到小说或电影中一样，如梦一般的世界。在大房子的庭园里烤肉、吃手工饼干、开朗的父母是医生、每年都会参加越野比赛等，我一辈子再怎么努力也不可能获得的东西，真理却一出生就拥有了这一切。

真理的自信、天真、温柔，还有坚毅，是在她聪慧且心胸宽阔的父母，用爱建造而成的安全基地中培养出来的。

所以，当讨论到“要怎么做才能养育出任谁都会喜欢的孩子呢？”的时候，我第一个想到的就是真理。“教养很好，不知道怀疑是何物”这句话并不是凭空想象，在温馨、充满安心感的家庭环境中培养出了真理的开朗性格，就是最好的例证。

“教养很好”并不单指有无经济能力。即使经济能力很好，父母的想法总是很负面，而且总是大声地斥责孩子，那么孩子就会变得畏畏缩缩。

如果想要培养出正面思考且性格开朗的孩子，父母则必须自己先做到那样。对孩子而言，在可以放心的避风港下成长的意义甚大。有句话说：“母亲开朗的笑容，胜过早晨太阳的光辉。”真是如此。

2 父母之间绝对不可以诋毁对方
父母不和睦，会变成孩子的创伤

问卷调查结果

✶ 父母感情佳，塑造了我良好的性格

我父母感情融洽，是塑造我良好性格的其中一个主要因素。因为如此，**我可以不畏惧地跟各式各样的人沟通**。绝对不要在孩子面前吵架，应该是育儿的重点之一。

（东京大学工学系研究所 I 同学）

✶ 只要父母一吵架，我就会觉得不幸福

我小时候有因为父母吵架而非常伤心的经历，我认为**父母绝对不可以在孩子面前吵架**。那时只要父母处于不开心的状态，我也会感觉到不开心。

（庆应义塾大学 T 同学）

✶ 我一直都记得父亲诋毁母亲的样子

累积太多工作压力的父亲曾经有段时期，会在孩子面前不断诋毁母亲。因为**孩子对于这种负面的事情会记得很清楚**，因此不可以忽视这种事情对孩子心理造成的负面影响。

（东京大学研究所 K 同学）

如何才能养育出“站在人性本善的立场”信赖他人的孩子？

父母不和睦，会使孩子变得不信任他人

父母感情和睦，在充满爱的环境下长大的人，大多数都会站在“基本上大家都是好人”的人性本善立场，所以才能够相信他人，即使自己被骗了也不会去骗其他人。**因为相信别人，所以别人也会相信我，享受这样良好人际关系的循环。**

“希望我的父母感情和睦”也是问卷调查中最频繁出现的意见。**如果孩子在父母有一方瞧不起另一方的环境下成长，会**

在孩子的内心种下不信任他人的种子。

我们家的爱犬成了女儿夫妇俩的家人，听说只要他们夫妻一吵架，它就会逃到阳台，然后从缝隙偷看屋里的状况，直到双方都平静下来。就连狗都是这样，可以想见这应该是人类孩子内心难以忍耐的痛吧。

当然，如果是想要解决双方意见分歧的状况，在尊重彼此的情况下，进行有建设性的争论，当然是欢迎的。比起夫妻的某一方总是忍耐、压抑情感，能够自由地互相说出自己的建议、建立信赖关系，这样的效果会更佳。只是，彼此不信任对方，只是单纯辱骂的话则另当别论。

虽然原因不只有家庭环境，但有的人对任何人敞开心扉都需要花很长一段时间。一旦变得不信任他人，就总是会处处提防他人。

我幼年时期的家庭环境并不和乐，所以花费了很长一段时间才从看人脸色的习惯中解放出来。夫妻感情和睦或家庭氛围和乐的环境下，养育出来的温和与温柔性格，是我所没有的，因此一直都很羡慕。

相反，从别人的角度来看，我的缺点一览无遗，有段时间我几乎羞愧得想要钻进地洞里去。

为了不让孩子有那样难堪的童年，**我一直小心翼翼，不要让孩子看到家庭内或亲戚之间的问题或矛盾**。虽说如此，有时也会觉得，这样反而无法让孩子在比较自然的环境下成长，觉得对不起孩子们。

后来，我在书架上放了一本当时很红的石原裕次郎夫人所写的书，内容讲的是因为深厚羁绊而结合成夫妻的真人真事。我想说，至少用书本让孩子们知道，这世上也有感情这么好的夫妻，我很努力地让孩子们不要对婚姻有负面的印象。

我故意把书放在书架最明显的位置，这般良苦用心后来成为朋友的笑柄。结果，包含我在内，谁都没有拿出来翻过，那本书就下落不明了。

3 不要跟其他孩子比较

不要拿孩子跟其他人比，顺应孩子的性格来养育他

问卷调查结果

✶ 多夸奖孩子，不要拿孩子跟其他人比较

我有两个哥哥，因此**随时随地都在被比较，从来不记得有被夸奖过**。被拿来跟其他人比较时，有的人可能会觉得不甘心而奋发向上，但也有人会因为很受伤而变得自暴自弃。而我是属于后者，因此对我而言，是非常难堪且痛苦的经历。

（东京大学新领域创新科学研究所 K 同学）

✶ 被拿来跟姐姐比较之后受到夸奖，但觉得很不安

我姐姐不太喜欢学习，而母亲总是以不耐烦的态度对待她。母亲曾经对我说："你讲一次就听懂了，很棒。不像你姐理解能力这么差，太难教了。"所以，从幼年时期我的内心就**建**

立起一个“不会学习=妈妈不爱”的公式。因此，我很害怕变成差等生，非常拼命地学习。

（京都大学研究所H同学）

拿孩子跟其他人相比是禁忌

被拿来跟其他人比较，会给孩子内心造成严重的创伤

被拿来跟兄弟姐妹或朋友比较而遭到贬低的幼时经历，即使长大之后也一直残留在心中，这种例子屡见不鲜。

男性例子特别多，我知道好几位四五十岁的人，童年时期经常被父母拿来跟其他兄弟姐妹比较，被当成傻瓜对待，长大后数十年对父母一直怀恨在心。

一旦拿孩子来跟其他人比较，孩子就会觉得不被父母所爱，幼小的心灵会受到伤害。虽然根据不同的性格，有的孩子可能会奋发向上。即便如此，也应该要注意自己的表达方式是否会让孩子对父母的爱产生怀疑。

我的先生非常疼爱小儿子，对他与其他兄弟姐妹的方式不同。一旦孩子们吵架，父亲一定不分青红皂白地斥责年长的孩子："你是哥哥，要让着弟弟。""你是哥哥，所以要忍耐。"（虽然挑起事端的经常都是弟弟。）

于是，弟弟学会了只要一吵架就会用父亲听得见的方式大哭，父亲也不问理由，先骂哥哥再说。就养育天真性格的孩子而言，**我先生的教养方式无论对哥哥还是弟弟，都不是很好。**

哥哥也因为还小，某段时期曾经跟父亲闹别扭，趁父亲不在的时候，加倍找弟弟的茬吵架。

即使是兄弟姐妹，每个孩子的性格也不同。有青春期很叛逆和不那么叛逆的孩子，有爱说话和安静的孩子，也有沉稳和情绪起伏很大的孩子，因此斥责的次数与强弱不可能一致。

但是，每个孩子都是父母的宝贝，应该让孩子们知道兄弟姐妹间并没有差异。就像是咬自己某个手指会痛一样，孩子的可爱跟重要性并没有差异。**但大多数父母只是在内心想，并没有切实地传达给孩子们知道。**

虽然不可能彻底地公平对待或斥责每个孩子，但对父母而言，每个孩子都是重要的宝物，必须用言语或态度明确地传达给孩子知道。被拿来跟其他兄弟姐妹或朋友比较而失去自信、让孩子对父母产生不信任感的斥责方式，这些都是父母失职的行为。

“受到父母的差别待遇”这样的不满与劣等感，会使孩子对他人产生不信任感和警戒心，长大之后甚至会妨碍孩子与他人建立良好的人际关系。

4 使用正确的夸奖方式，发挥孩子的专长

促使孩子努力的夸奖方式很重要

问卷调查结果

✶ 在夸赞声下长大，却变得不重视努力

我总是被父亲夸奖：“你的头脑很聪明，是天才，只要稍微努力一下就可以拿第一名。”被这样夸奖，觉得自己很特别而产生自信是很好的事，先不论我是否真的是天才，**但我因为被夸奖天生聪明，而变得不重视努力**。虽然用夸奖的方式养育孩子很重要，但夸错地方的话只会起到反作用。

（庆应义塾大学综合政策学系K同学）

✶ 从来没被父母夸奖，缺乏自信

我的父母是安静且谦虚的人，小时候的我从未被夸奖过，**他们总是告诉我尽量不要给别人带来困扰**。因此，当我做任何事时，那样的教诲总是围绕着我，使我变得缺乏挑战的精神。

（立命馆大学法律系C同学）

孩子只要夸奖，他就会自己长大?
什么都夸赞，是偷懒的育儿法

孩子期望被父母认可的欲望很强烈，因此夸奖孩子以满足这样的欲望，也可以说是帮助孩子培养安全感、自信心以及积极性的必要条件。但重要的是，要有效地夸奖，而不是胡乱地什么都夸。

以前大家都说:“孩子只要夸奖，他就会自己长大。”在问卷调查中，的确有学生对于无论自己多么努力，拿到再好的成绩也会让不会夸奖的父母感到不满。也就是说，**即便是优秀的大学生，父母如果好好地夸奖孩子，也会提高孩子的动力，使学习变得更快乐。**

在这个教育观点中，**“夸奖孩子时，针对什么事情夸奖是重点”**，有个非常有趣的研究结果。

那份引用了许多数据的研究显示，用“你很聪明”来夸奖本来就具备的能力，这样的夸奖反而会让孩子把重点放在“取得好成绩”上，容易形成考取好成绩时就觉得“因为自己有才能”，成绩不好时就觉得“因为自己没有才能”的思考方式。

另外，“你很努力”，**被夸奖努力的孩子，即使好几次的考试成绩都不理想，也会很有毅力地持续努力地学习。**会认为成绩不好不是自己能力的问题，是因为自己还不够努力。

建议大家夸奖孩子的时候，不要说“你只要努力就做得到”，而是把重点放在**列举具体的努力内容夸奖孩子；利用能够引导孩子进一步继续努力，让孩子想要挑战困难事物的夸奖方式。**

经常可以看到有些父母想要用夸奖的方法来养育孩子，便用非常夸张的方式来夸赞孩子。**这样太过随便地夸奖，可能会把孩子养育成没有实力却极度自恋的人。**孩子做什么事都夸，就我来看是偷懒的育儿方式。

以前不会做的事，但现在会了；解开以前解不开的题目，虽然考试分数不算高但比平时要高出许多。不同的事情，夸奖的时机和方式截然不同。**不要孩子做什么都千篇一律地夸奖，如何夸奖孩子、引导孩子努力，是父母显露本事的地方。**

请用鼓励孩子勇于挑战的方式鼓励孩子，让孩子继续努力、持续想要挑战困难的事物。

5 有耐心地面对孩子的脱序行为

父母如果不认真面对，孩子是不会改变的

问卷调查结果

★ 当我失控时，父母用尽全身力气接纳我

父母在我小的时候非常热衷于我的教育，从幼儿园开始就让我去上作文和英语课，而且念了很多书给我听。但教育方式很笨拙，特别是不擅长夸奖孩子。可能也因为如此，我总是对自己没有自信，在初高中时顽劣行为更加严重，误入了歧途。父母好像不知道该如何是好，但即便如此，**他们还是把我从歧途上拉回来，用尽全身力气重新接纳我。**

重考大学的时候，我的世界观变得更宽广，开始思考将来的事情了，不知不觉变得能够用心地倾听母亲的话。对于没有抛弃我、养育我长大的父母，特别是对母亲的感谢，我无法用言语形容。

（庆应义塾大学法学部 F 同学）

掌握孩子脱序的实际状况，把孩子从不良团体中拉出来

要是袖手旁观，将会后悔一辈子

孩子的脱序行为跟亲子关系有绝对的关联。父母的存在，很多时候是预防孩子误入歧途的力量。另外，因为孩子憎恨父母，为了让父母感到困扰而发生的脱序行为也有不少。

当孩子误入歧途时，**当周围的人都放弃他时，只有父母直到最后都会选择面对孩子，那是父母对孩子的爱。**

因为我有四个孩子，曾经有不少妈妈友人来跟我咨询孩子脱序的问题。看过好几个未成年人组成的不良团体，即使在同一个不良团体中，被辅导的少年，其父母的应对方式差异很大。有很多父母只会感叹“我完全不清楚孩子在哪里、跟谁、在做什么。”完全没有采取任何对策。

相比之下，“等到真的发生事情时已经太晚了，就像是昨天那样‘我没能阻止他’‘孩子只是碰巧在场’等可能会使事态一发不可收拾。”我的友人当孩子有脱序行为时，**马上就开始着手掌握孩子的所有行动。**

他聘请了侦探，调查了孩子在哪里、跟谁、在做什么。虽然调查所费不赀，但友人说：“钱不用在这里，那要用在什么地方？”似乎下定了决心。

根据调查结果，知道了孩子勒索他人、喝酒，还加入了朋友隶属的小混混团体。最后，那位友人不顾在当地经营的餐厅，为了把孩子从不良团体中拉出来，连工作都抛弃，搬离了当时的居住地。

他说为了孩子的未来，他没有其他的选择。而孩子也似乎感受到了父母的决心，在那之后改过自新了。这个故事提醒我们，**当发现孩子有逐渐走入歧途的征兆时，父母以强烈的信念和坚定的决心去处理，有多么重要。**

虽然有的人可能会认为，一开始就把孩子教育成不会加入不良团体的人才值得称赞，但孩子不是只有父母的爱和教育就可以长大成人的。现在的社会充满着各种诱惑，因此，与其说在没有诱惑的环境下养育孩子，不如感谢“好运”。

关于亲子之间的信赖关系，有句话说：“父母不相信孩子，谁还会相信？”但绝对不可以不经思考全盘相信这句话。特别是孩子误入歧途的初期，**父母盲目地相信孩子可疑的行为，甚至会加速孩子误入歧途。**

当孩子有脱序的征兆时，首先掌握实际状况，然后好好地面对孩子，除此之外别无他法，因为学校老师、同学还有亲戚绝对不会比父母更能亲近孩子。

然后，当周围的人都放弃孩子的时候，父母也要相信孩子会再次站起来，必须全力支持孩子。这时就必须要想起“父母不相信孩子，谁还会相信？”这句话。父母唯有用所有的爱和坚定去面对孩子，才有可能改变他们。

6 让信赖围绕着孩子
双向信赖关系的重要性

问卷调查结果

✶ 为回应父母对自己的信赖，自然而然很努力

“我相信你，所以随便你爱怎么做就怎么做”是我父母的口头禅。如果只是“随便你爱怎么做就怎么做”这样一句话，可能会让人有种被丢弃不管的感觉，但他们**总是强调“我相信你”，因此为了回应他们对我的信赖，我非常努力。**

（庆应义塾大学综合政策学系 K 同学）

✶ 信任孩子

我的父母绝对不干涉我未来的出路，他们信赖我，全部交由我自己处理。我认为，这是我能够变得独立思考最主要的原因。**一旦被信赖，就觉得不可以背叛父母对自己的期待。**

（东京大学经济学系 S 同学）

✶ 因为父母给予我自由让我更加努力

父母给了我自由和信赖，**并向我表达了他们很信任我，因此我也想要成为他们可以骄傲的儿子。**他们不曾要求我要好好学习，因此我非常努力用功，不想辜负他们对我的期待。

（东京大学研究所 T 同学）

把信赖当作最重要的价值观养育孩子

对父母的不信任感，会养育出相信“人性本恶”的孩子

被信赖孩子的父母养育长大，跟感受到父母满满的爱长大的孩子一样，**容易培养出自我肯定、自信以及想要回应期待的动力。**而那又是培养正面思考、信赖他人与跟他人建立良好人际关系的重要基础。

但必须注意的是，不可以将信赖跟盲目相信混为一谈。不分青红皂白地相信出现脱序行为孩子所说的话，误用“父母不相信孩子，谁还会相信？”这句话不是真正的信赖。

首先，必须教导孩子信赖的重要性，因为**单方面的信赖关系是无法成立的**。当父母信任孩子时，如果孩子不信任父母，双方称不上有信赖关系。**父母必须以身作则，重视信赖关系、面对孩子时不会说谎、每天都用诚恳的态度来培养孩子的信赖感**。

刚才提到应该要培养站在"人性本善"立场的孩子，因为与父母之间没有信赖关系的孩子，对他人的不信任感会很强，而不信任感很强的原因就在于孩子相信"人性本恶"。

询问反抗父母的孩子们理由为何，他们的想法往往相当扭曲，令人不禁感慨竟然能如此曲解父母的爱。

问题看起来好像只是因为没有读懂父母的心，但其实绝对不止如此。

摒除部分糟糕的父母，父母是世界上最珍惜、最爱自己的人，因为他们是拉扯自己长大的人。问题的症结点在于，**因为没有跟自己最好的"啦啦队队长"构筑起信赖关系，所以难以信任他人、与他人建立信赖关系**。

另外，从问卷调查的回答也可以看出，被父母信赖所养育长大的孩子，也会信赖自己的父母，而且这种信赖关系成了努力的动力来源。也有许多人表示是**“为了回应父母的信赖而努力”**。信赖所孕育的力量是如此的强大，所以，请务必让你的孩子切实感受到你的信赖和爱，培养出孩子诚恳努力、信任他人、与他人建立信赖关系的力量。

7 给予孩子不求回报的爱
父母最重要的任务

问卷调查结果

★ 请给孩子灌注无条件的爱

心理学研究有项数据显示：**与在有条件的爱下长大的孩子相比，被灌注无条件的爱养育长大的孩子，未来的升学和工作都比较成功**。例如，当孩子做了让人不愉快的事，也不会大发雷霆、动粗，而是让孩子以后多注意等，经常用爱跟孩子相处是很重要的。

在阅读到心理学教科书上的这段话时，我也对照了自己的成长环境，有许多“联想到的事”，因此我认为这是养育孩子的关键。

（东京大学研究所K同学）

★ 希望父母能让我知道“我是被他们爱着的”

希望父母能用明确的方式表达出他们对我的爱。教育方法因人而异，而且也无法证实父母的教育是否为孩子人格形成的最重要因素，但是，**父母最重要的任务，是让孩子知道他是被父母所爱着的**。我对自己的存在感到没有自信，活得一点儿都不像自己。

（早稻田大学 M 同学）

★ 被父母珍惜，培养了我的自尊心

我在外面即使碰到了不愉快的事，只要想到有家人了解我的价值，就觉得有依靠并且不畏惧，甚至还能帮助我面对困难。因为我被父母珍惜着，他们培养了我的自尊心。

（大坂大学工学系研究所 I 同学）

养育小孩最重要的事

用言语和行动来表达对孩子无条件的爱

经常感觉到自己被父母无条件地爱着，对孩子而言这是无可取代的。这是我还是高中生时印象很深刻的往事，我有位古灵精怪的友人，他的母亲常对他说:“**我觉得你真的是可爱得不得了呀。**”友人似乎很不习惯被母亲这样夸赞，但他还是很高兴。

那时我真的非常羡慕这位友人。因为我的父母从来没有说过“你真的可爱得不得了”这类的话。这让我很感动，因为父母的想法虽然不需要用语言也可以传达，**但尽可能把想法化为语言，说的人与听的人都会觉得更加幸福吧。但更重要的是，比起语言，父母多用日常生活中的行动来传递对孩子的爱。**

我的母亲是个超级沉默寡言的人。因为她出生于明治时期[1]，想法和生活方式完全是由封建社会的风俗习惯与当时的思想所建构而成。那时我母亲信奉的价值观是，认为在别人面前

1　明治时期：一般指明治时代（公元 1868–1912）。

疼爱自己的孩子是一种粗俗的行为。

而且，因为大家庭生活不易，我的母亲也没有余力娇养我，或是用重视、疼爱我的言行教养我。然而，我却从未因此怀疑过母亲对我不求回报的爱。

截至目前，我重复了好几次，要明确地传达爱和信赖让孩子知道，但我的母亲并不曾用语言明确表达过。尽管如此，母亲对孩子的爱和信赖却明确地传达给了我们这些孩子。实际上，我的人生道路并非一帆风顺，也曾好几次遇到难以渡过的难关，一度想要结束自己的生命，而那个时候让我打消念头的，都是因为想到了母亲。

我们兄弟姐妹多达七个人，因此有一两次严重的争吵并不奇怪。但我们兄弟姐妹彼此有共识，即不想让母亲伤心，因此都分别妥协，圆满地解决了纷争。母亲几乎从不生气，就算生气也完全不可怕，那么我们兄弟姐妹为什么那么害怕母亲生气伤心呢？

那是因为我们知道母亲为我们奉献了一切，当然，过去的父母都是如此。母亲并不是希望我们出人头地，也不是爱说教或是训斥高深难懂道理的人。我们看着**只会老老实实、默默地为孩子付出的母亲的身影成长**。母亲的人生跟刺鱼相似，一辈子守护在孩子身边，直到孩子们长大才肯放手让他们去翱翔。

我们兄弟姐妹尽量不做让母亲感到哀伤的事，反而很努力地想让母亲展现笑容。不只我们家是这样，过去住在附近的邻居家庭也是如此。现代社会变得越来越富裕，生活也过得多彩多姿，但像这样的亲子之间的羁绊却一点一点地在流失，实在可惜。

无论是可以成为小说题材的热恋中的情侣，还是宛如在前世就被红线牵引着，感情和睦的夫妻，只要在一起的时间久了，在某些地方就必须相互让步、彼此妥协，否则良好的关系便无法持久（因为我没有经验，我也无法多说什么）。然而，与此相比，父母对孩子的爱如假包换，是一辈子不求回报的爱，也因此是最可贵的。

在本书中，我长篇大论地谈了好多教养孩子的秘诀，但**最后如果要我从那些秘诀中选出最重要的，我会毫不犹豫地选择这个章节讨论的“不求回报的爱”**。

然而，想必我无须赘言，阅读本书的各位父母应该每天都在持续将爱赠予你的孩子。

就算把本书提到的所有教养秘诀都做得尽善尽美，如果没有让孩子感受到不求回报的爱，就不算是在做父母应该做的工作。相反，即使没有全部做到本书所写的内容，但是在好好地传递不求回报的爱给孩子，就是送给孩子们最宝贵的礼物了。

非常感谢读者看到最后。在此，我要向无时无刻绝不吝啬于付出爱给孩子的父母致以最高的敬意。

Chapter 7 重点

让孩子感受到父母的信赖和爱

培养孩子拥有自信

在最终章我们讨论了育儿最为重要的“让孩子感受到不求回报的爱”的重要性。在父母十二万分的爱下长大成人的孩子，性格天真烂漫并且认为人性本善。因为能够信赖他人、爱他人，所以相对也能获得对等的信赖与爱。

人生因为被他人所爱、信赖才得以成立，被不求回报的爱灌溉而成的天真烂漫，才是人生成功与否的关键，这么说一点儿也不为过。

想要让孩子成为经常抱持着感谢的心、被周围的爱与信赖所围绕的父母要怎么做呢？首先，父母必须积极、正面思考，在充满爱、心胸宽大的家庭环境下养育孩子，尽可能发挥孩子的潜能。

当然，也有因为父母个性或家庭因素，难以呈现那样开朗家风或爱的表达方式的情况。但是，本质上重要的是，让孩子能够觉得“任何时候父母都以我为最优先考量、爱着我”，用爱与信赖感围绕着孩子。

那么，最后就来回顾本章的学习重点吧。

✶ 在温馨自在的环境下发挥孩子的才能

1. 用正面思考培养孩子积极、豁达的性格

你是否在以开明、豁达的方式对待孩子呢？请用被无私的爱包围着的环境，培养孩子拥有“任谁都愿意接纳我”的自信。

2. 父母之间绝对不可以诋毁对方

父母是否会在孩子面前吵架呢？夫妻之间有建设性地讨论跟单纯的吵架辱骂完全不同。父母感情不和睦，对孩子造成的压力之大，超乎大人的想象。

3. 不要跟其他孩子比较

你是否会拿孩子跟其他兄弟姐妹或朋友比较呢？不论是夸奖还是贬斥，只要被拿来跟别人比较，就很有可能给孩子造成心灵创伤。被父母拿来跟其他孩子比较所造成的心灵伤害，就算长大成人，那样的心结也可能会跟着孩子一辈子。

4. 使用正确的夸奖方式，发挥孩子的专长

你是否一味地胡乱夸奖孩子呢？比起才能，夸赞孩子的

努力更能让孩子成长。不仅是结果，也请夸奖孩子努力的过程。

✶ 用不求回报的爱守护孩子

5. 有耐心地面对孩子的脱序行为

你是否做好心理准备面对孩子可能会出现的脱序行为呢？就算周围的人都放弃了孩子，能够坚持到最后，不放弃孩子的只有父母。因为学校老师、朋友以及社会对孩子而言，绝对不会比父母更亲。

6. 让信赖围绕着孩子

你跟孩子建立双向的信赖关系了吗？在问卷调查中很多回答都提到“因为被信赖，所以能够努力”。请每一天都诚恳地面对孩子，建构彼此信赖的关系。

7. 给予孩子不求回报的爱

你让孩子十足地感受到父母不求回报的爱了吗？对孩子而言，没有什么比被父母爱着的感觉还要幸福。不只是用自己的方式爱孩子，请用言语和行动传达你对孩子的爱。

暖心提醒

孝顺父母的重要性

“不要再叫我写书了，再叫我写的话，我就报警说你虐待老人！”这是在撰写本书的漫长路上，我的母亲有时生气、有时恳求我所说的话。

“我这种一无可取的老太婆写什么书，多丢人现眼啊！这不但会造成出版社的困扰，而且内容全部是大家都知道的东西啊！”

讨厌写书的母亲在我的鞭策与激励下，一点一点地撰写完成本书。然而，最后母亲因为我对文章严厉的回馈引发了恐慌症，她说每当点开我的电子邮件或接到我的电话时都会打寒战。接了我的电话也会很快就挂断，当然更不会回我的邮件。

不过她还是非常努力，承受我严厉地批评的同时，也持续地鞭策自己，最后完成了这本书。

我在陪伴本书的创作过程中，阅读草稿时，回想起我在幼年时期是如何被养育长大的，时常沉浸在怀念和温暖的情绪当中。

最近翻找东西时，我翻出了母亲二十多年前的照片，让我不禁眼含热泪。那个时候母亲真的很年轻，而现在已经超过65岁，虽然不想承认，但事实上已经迫近70岁了。

因为母亲不断喊着我在“虐待老人”，为慎重起见，在此我想强调一下我对母亲的爱。我的母亲南瓜夫人，性格与我迥异，几乎让人感觉不出来我们两人是母子关系，她是我知道的人当中最谦虚谨慎，而且是充满爱的人。母亲对我而言，跟所有的孩子一样，是无可取代的。

我到现在还记得，母亲抱着4岁的我睡觉时，我想象着“如果母亲从这个世界上消失的话怎么办”，4岁的孩子此刻也因为对未来的离别感到恐慌而哭了起来。虽说如此，在那之后超过三十年的亲子关系中，我完全不是一个孝顺的儿子。为不受教、调皮捣蛋、未来不明朗的笨蛋儿子开辟出人生道路的，毫无疑问就是我的母亲。

本书跟一般的育儿书籍不同，并不是以作者南瓜夫人自身的育儿成功经验撰写而成，而是介绍自己反省育儿时没有做到的地方，应该是“育儿反省集”才对。

仔细回想，我们家的教育方式可以指出很多问题：如父母总是对孩子叨念着要好好学习，连去烧烤店吃东西也不让孩子自由点餐，不尊重孩子的自由意志；硬是强迫孩子去学各种才艺；比起让孩子自己去发现问题的教导方式，反而是情绪化地臭骂孩子的情况居多。

但我们家唯一不会输给别人的是，父母对孩子不求回报的爱。虽然这不是可以拿来跟其他家庭比较的东西，但我的父母灌注无条件的、极大的爱养育我们这点毋庸置疑。想必阅读本书的读者，对自己父母应该也有相似的感觉吧。

虽然我们都对父母伟大的爱抱持着敬畏之心，但请切记，我们所知道的父母之爱，仅是父母实际给我们的爱的冰山一角。

本书为亲子双方观点的育儿书，同时也是培养孩子领导能力的书。但我最后想说的是，隐藏在背后最重要的主题是：想起父母之爱的伟大并感谢，了解孝顺父母的重要性。

后记

父母对孩子的爱，绝对不可随便

非常感谢读者耐心地阅读到最后。本书的问卷调查结果，都是由多位回答者感谢父母的心情连缀而成。通过撰写本书，我也接触到不同家庭的教育方法，受益良多。

在此想跟读者说的是，如果孩子总是展现笑容、喜欢阅读、知道自己喜欢什么和擅长什么、习惯感谢一切、能倾听他人的想法、有热衷的事物，那么你目前的育儿方法没有什么太大的问题。

另外，父母应该拓展孩子的视野、让孩子自己做主、鼓励孩子勇于挑战事物并在背后支持，这样的态度很重要。不强迫孩子学习，将孩子放置于良好的学习环境，给予他们动机；没有什么比父母注意自己的言行举止，以身为教要来得重要。养成孩子良好的自制力与待人接物的态度，偶尔心平气和地训诫孩子，让孩子自己发现过错。最后，最重要的是，灌注无私、不求回报的爱给孩子，如此便可以说尽了父母应尽的义务。

这里想再多谈一下前面提到的孝顺父母。武贵的确是比其他人更有孝顺父母的意识，但他所描绘的孝顺父母的图像，跟我想的相差甚远。

对父母而言，孩子长大成人，无论工作还是生活都很充实，过着幸福的日子就是最好的孝顺。父母明明不想出远门，却被拉去海外旅游；好不容易用习惯的电脑，子女却说用了一年太老旧，擅自买了新的来替换等，这些行为反而会造成父母的困扰。

我想要跟各位孩子大声地说：孝顺父母很简单，那就是，不要忘记总是祈求自己幸福快乐的父母的存在。偶尔用行动表达对父母的感谢之情就很满足了。世俗所定义的孝顺父母方法都是附带的，没有也没关系。

本书介绍了所谓精英学生的建议。但是，无论是想要培养出精英，还是希望孩子平平安安长大就好，父母所付出的爱的多寡并没有差异。然而，社会上“儿女不知父母心”的复杂问题实在太多，着实令人痛心。

父母健在的读者们，如果通过阅读本书忆起父母从自己年纪尚小没有记忆时开始，就不断付出不求回报之爱的回忆，那是我的荣幸。

另外，我也想要跟“无视孩子梦想，强加超出孩子能力范围的期待，拔掉孩子成长的幼苗、把孩子绑在身边”的父母说，虽说“子欲养而亲不待”，但孩子总有一天会离开家里。因此，当孩子在父母身边的有限时间里，灌注丰富的爱，构筑良好的家庭关系是相当重要的。

对我而言，育儿过程相当辛苦，但也很快乐、有价值。那是我最被孩子需要的时期，也是在我的人生中最具意义，活得最光辉灿烂、充实的日子。

我无时无刻不在过胜负般的生活，被好几位友人如此赞叹：“你有四个孩子，而且对每个孩子都那么拼命啊。”当然，因为没有不重要的孩子。

父母亲的“亲”字，有人说那是“站在树上观看”（站在树上的距离刚刚好）的意思，但我认为绝对不是那么一回事。父母对孩子的爱，绝对不可以随便。父母为了孩子，什么都愿意做。为了无论何时都能够帮助孩子，严以律己、拓宽视野、努力汲取知识和信息，正是父母对孩子的爱。

有人说：“孩子在 3 岁之前已尽了孝道。”每当回想起看着孩子香甜的睡脸、天真无邪的笑脸，感受当下无比幸福的时光时，就觉得这句话比喻得生动巧妙。

在孩子幼儿园和小学的入学典礼上，觉得骄傲、开心得不得了的瞬间。从孩子紧握着父母的手不放的力道，感觉到孩子站在步入社会入口的不安感，让人非常怜惜。

只要想起这些，就会反省自己有没有好好留意“非强迫式的教育”和“提升学习动机的教育”。

今后即将教养孩子的准父母，务必记住迎接孩子那一刻无比的幸福感，然后以温柔且坚定的心养育孩子。因为育儿无法重来，且光阴似箭。

最后，在撰写本书的过程当中，我数度访谈优秀的友人，询问他们受过的家庭教育，或是费尽心思的育儿方法等，在此向不遗余力协助的友人致上谢意。另外，感谢三浦岳责任编辑，总是提供我精辟的建议。然后，也请容我在此向有时让人觉得近乎是在“虐待老人”，但总是不放弃持续鼓励我的儿子武贵表达感谢之意。

南瓜夫人